Z

Anna Goldenberg

VERSTECKTE JAHRE

Der Mann,
der meinen Großvater
rettete

Paul Zsolnay Verlag

Mit Unterstützung des

*Zukunfts***Fonds**
der Republik Österreich

1. Auflage 2018

ISBN 978-3-552-05906-1

Satz: Eva Kaltenbrunner-Dorfinger, Wien
Autorenfoto: www.corn.at/Zsolnay
Umschlag: Anzinger und Rasp, München
Fotos: Archiv Goldenberg
Druck und Bindung: GGP Media GmbH, Pößneck
Printed in Germany

MIX
Papier aus verantwortungsvollen Quellen
FSC® C014496

Für Laura, Joni, Dylan,
Beni, Adam, Nunu, Luc, Gina,
Ella und Rafi

POUGHKEEPSIE, NEW YORK, 2013

»Fotografieren verboten.« Der breitschultrige Sicherheitsmann in der dunkelblauen Jacke klingt bestimmt, aber höflich und mustert mich kurz. Ich habe gar nicht bemerkt, dass er sich mir genähert hat, so vertieft bin ich, die Eingangshalle des Krankenhauses zu fotografieren. Es steht in Poughkeepsie, im Norden des Bundesstaates New York. Auf den Bänken sitzen einige Menschen, die Wand hinter der Rezeption, einem länglichen, mintgrünen Tresen, ist ziegelrot gestrichen. Die gläserne Eingangstür surrt, wenn sie sich öffnet. Ich lasse mein Smartphone, das ich auf das riesige Fenster zum Parkplatz gerichtet habe, sinken und stecke es in die Manteltasche, etwas eingeschüchtert. Der Sicherheitsmann dreht sich weg, sichtlich beruhigt, die Gefahr hat er abgewendet. Ich fasse Mut und spreche ihn an. Ob es jemanden gebe, der mir weiterhelfen könnte, historische Personalakten zu finden? Er scheint verwundert, überlegt kurz und führt mich in die wie ausgestorben wirkende Spitalsbibliothek, wo ich von einer Bibliothekarin enthusiastisch begrüßt werde.

In den fünfziger Jahren arbeiteten zwei junge Ärzte aus Wien an diesem Krankenhaus, erzähle ich. Sie waren am Anfang ihrer praktischen Ausbildung, sogenannte »Interns«, die ein Jahr lang an den verschiedenen Abteilungen ihren Dienst versahen. Nun bin ich auf der Suche nach Dokumenten, Zeugnisse oder alte Dienstpläne vielleicht, irgendetwas, das mir mehr über ihre Zeit hier erzählen könnte. Sie schaue gerne nach, erwidert die

Bibliothekarin, sichtlich geschmeichelt ob der internationalen Bekanntheit des Provinzspitals. »Wie sind denn die Namen?« – »Helga und Hans Feldner-Bustin.« Die Bibliothekarin verschwindet in einem Hinterzimmer. Fünf Minuten später ist sie wieder da. Nein, leider, die scheinen in den alten Akten nicht mehr auf. Ich sehe wohl so enttäuscht aus, dass sie nachfragt, warum mich das interessieren würde. »Das sind meine Großeltern.«

Am Abend fahre ich mit dem Zug die 130 Kilometer zurück nach New York City, niedergeschlagen, dass sich hier niemand an meine Großeltern erinnert. Schließlich hat meine Großmutter Helga so oft davon erzählt. In ihrem Schlafzimmer hängt sogar ein ausgeschnittener Zeitungsartikel, der 1955 in einer amerikanischen jüdischen Zeitung erschien. Auf dem Foto lächelt das junge Paar, Helga ist 26, Hansi 29. »Auch an Bord der Saturnia waren Dr. Hans und Helga Feldner-Bustin, die aus Wien kamen, um am Poughkeepsie-Krankenhaus zu assistieren«, steht darunter. »Dr. Helga wurde 1945 aus einem Konzentrationslager befreit. Dr. Hans sagte, sein Bruder und seine Eltern kamen im KZ um, doch er entkam, weil ihn ein christlicher Arzt adoptierte.«

Als sie in die Staaten gereist waren, waren die beiden noch unentschlossen gewesen. Ein Jahr würden sie auf jeden Fall weg sein, hatten sie gesagt, und dann entscheiden, ob es ihnen gefiel. Aufgrund des Ärztemangels in den Vereinigten Staaten wurde Helga in Poughkeepsie sofort zu anspruchsvollen Tätigkeiten herangezogen, ganz anders als in jenem Wiener Krankenhaus, in dem sie die vorhergehenden zweieinhalb Jahre als Assistenzärztin gearbeitet hatte. Außerdem war das Gehalt gut. Hansi war zuvor unbezahlter Gastarzt an einer neurologischen Klinik in Wien gewesen und nur für Nachtdienste entlohnt worden. In Poughkeepsie konnten sie sich sogar ein Auto leisten, das sie

Also aboard the Saturnia were Drs. Hans and Helga Feldner-Busztin, who came from Vienna to interne at Poughkeepsie Hospital. Dr. Helga was liberated from Nazi concentration camp in 1945. Dr. Hans said his brother and parents perished in concentration camp but he escaped when a Christian doctor adopted him.

sich mit zwei anderen Ärzten teilten. Und trotzdem: Im April 1956 kehrten sie wieder zurück nach Wien, wo sie den Rest ihres Lebens blieben.

Warum das so kam, begann ich erst zu hinterfragen, als ich selbst in die Vereinigten Staaten zog. Im Sommer 2012 begann ich ein Masterstudium in New York. Ich war 23 Jahre alt, nur wenig jünger als meine Großmutter damals. New York hatte mich fasziniert, seit ich ein Teenager war, wegen der Filme natürlich, in denen die Stadt die Kulisse für aufregende Handlungen bot. Hier war Woody Allen auf eine Art komisch, die ich lange lustig fand. Hier rettete der sympathisch schüchterne Spiderman die Menschen vor verschiedenen Bösewichten. Hier fanden die Protagonisten der romantischen Komödien, die ich so gerne schaute, trotz widriger Umstände zueinander.

Mit ihren unterschiedlichen Vierteln, vielen Kulturen und riesigem Angebot an Möglichkeiten war die Stadt so sichtbar vielfältig, dass ich überzeugt war, mir meinen eigenen kleinen Platz zu schaffen. Genauso wie meine Großeltern würde ich auf jeden Fall ein Jahr hierbleiben und dann entscheiden, ob es mir gefiel.

Schon in den ersten Wochen nach meiner Ankunft merkte ich, dass ich auf Unverständnis stieß, wenn ich erzählte, woher ich kam – insbesondere, wenn ich mit jüdischen New Yorkern zu tun hatte. Viele, die meinen Akzent hörten und erfuhren, dass ich Österreicherin war, wurden zunächst misstrauisch. »Ich bin Jüdin«, sagte ich dann, als ob ich sie beruhigen müsste, dass meine Vorfahren keine Kriegsverbrechen begangen hatten. Das nahmen sie verwundert auf: Wie, in Österreich gab es noch Juden? Ob meine Großeltern vielleicht nach dem Krieg aus der Sowjetunion zugewandert wären? Nein, erklärte ich dann, meine Großeltern sind Holocaustüberlebende, die nach dem Krieg in ihrem Geburtsort Wien geblieben waren. Das stieß auf noch mehr Unverständnis. Wie konnten sie in dem Land leben, in dem sie so grausam behandelt worden waren? Hin und wieder klangen die Reaktionen vorwurfsvoll, als ob es meinen Großeltern an Stolz oder Mut gefehlt hätte, Österreich zu verlassen. »Viele blieben aus finanziellen Gründen«, erklärte mir einmal jemand in einem herablassenden Tonfall.

Ich hatte mir nie sonderlich viel aus meinem Heimatland gemacht, fühlte mich, wie wohl jede Angehörige einer Minderheit, oft ignoriert. Wieso gab es zu Weihnachten Ferien, obwohl ich das gar nicht feierte? Ich fühlte mich nicht besonders österreichisch. Trotzdem machte es mich nun wütend, dass die Entscheidungen meiner Großeltern in Frage gestellt wurden. Hieß das, an meiner Kindheit und Jugend in Wien war etwas falsch gewesen, weil sie auf dem fragwürdigen Entschluss meiner Großeltern beruhten? Gleichzeitig hatte ich selbst keine geeigneten Antworten auf die Fragen. Das ärgerte mich umso mehr. Ich verstand ja tatsächlich nicht ganz, warum meine Großeltern nach Wien zurückgekehrt waren. Wie konnten sie sich mit Österreich versöhnen? Wurden sie in Wien nicht ständig an die Erniedrigungen erinnert, denen sie nach dem »Anschluss« Österreichs an Hitlerdeutschland im Jahr 1938 ausgesetzt waren?

Je länger ich in New York lebte, weit weg von meinem gewohnten Umfeld, desto mehr interessierte ich mich für meine Familiengeschichte. Im Winter 2012 will ich für den Radioworkshop, den ich an der New Yorker Universität besuche, einen Beitrag darüber machen und rufe meine Großmutter Helga in Wien an. Was war dein erster Eindruck von Amerika?, will ich wissen. »Es gab genug zu essen«, lautet ihre Antwort.

Ein paar Wochen später, an jenem kalten, sonnigen Tag im Jänner 2013, fahre ich nach Poughkeepsie: Ich will das Amerika sehen, dem meine Großeltern eine Chance geben wollten. Die einstige Industriestadt liegt am Hudson, der von zahlreichen Brücken überspannt wird. Ich sehe bunte, dreistöckige Häuser mit gepflegten Vorgärten, großzügige Grünflächen und viktorianische Anwesen. Heute leben viele Studenten in der Stadt. Poughkeepsie wirkt ein wenig verschlafen und ganz nett.

Ein paar Monate später erwähnt meine Mutter beiläufig, dass es ja noch Hansis Aufzeichnungen gebe. Ihr Vater, mein Großvater, starb 1996, als ich sieben Jahre alt war. In Erinnerung habe ich seine schwarzen Haare und die buschigen Augenbrauen. Seine Lesebrille trug er an einem Band um den Hals, sodass sie auf seinem Bauch auflag, den Helga stets zu groß fand, er aber liebevoll als »Backhendlfriedhof« bezeichnete. Wenn er zuhörte oder nachdachte, setzte er Daumen und Zeigefinger an seine Nasenflügel und fuhr die Falten links und rechts von Oberlippe und Mund entlang, bis sich die Finger am Kinn wieder trafen. Ich war mir sicher, dass er sich die beiden Falten durch die wiederholten Bewegungen selbst zugefügt hatte.

Mehr als hundert verschiedene Textdateien finde ich in dem Ordner, den mir meine Mutter nun schickt. Um 1986 hatte Hansi begonnen, über sein Leben zu schreiben. Vielleicht hatte ihn die Waldheim-Affäre, die eine Diskussion über Österreichs Mitschuld am Holocaust auslöste, dazu bewogen, seine Erfahrungen zu dokumentieren. Vielleicht wollte er seinen ersten eigenen Computer ausprobieren. Seit er damals in Poughkeepsie die Fabrik von IBM besucht hatte – er bezeichnete sie als »jene Firma, die die elektronischen Gehirne produziert« – und begeistert nach Wien schrieb, es bahne sich hier »eine industrielle Revolution an, von der bei uns noch nicht viel bekannt ist«, faszinierten ihn Computer.

Es vergehen Wochen, bis ich mir seine Texte ansehe. Ich möchte als Journalistin Fuß fassen und mich mit dem schnelllebigen Jetzt und nicht mit der Vergangenheit auseinandersetzen, über die man schon so viel gehört hat. Und außerdem kenne ich viele von Hansis Erlebnissen schon; oft wurden sie innerhalb der Familie erzählt.

Irgendwann lese ich sie doch.

DIE AUFZEICHNUNGEN MEINES GROSSVATERS

Über seine Kindheit erfahre ich bei Hansi wenig. Hauptsächlich beschreibt er seine jugendlichen Missetaten, denn die Schule interessierte Hansi kaum. 1931, mit knapp sechs Jahren, war er in die Volksschule in der Kleinen Sperlgasse im zweiten Wiener Bezirk gekommen. Von Anfang an schlechte Noten. Es war nicht die mangelnde Intelligenz, klagten die Lehrer, sondern Trotz und Unwillen, sich Autoritäten zu beugen. Fühlte er sich angegriffen, wurde er schnell wütend. Er wollte seine Freiheit zum Fußballspielen, um über Zäune zu klettern und die schmalen Seitengassen, versteckten Hinterhöfe und den Prater zu erkunden. Einer seiner Streifzüge führte ihn in das Kinderfreibad am Franz-Josefs-Kai, allerdings zu einer Tageszeit, zu der es geschlossen war. Hansi landete vor dem Jugendgericht und kam ohne Strafe davon. Ein anderes Mal wurde er beim unerlaubten Kicken im Park erwischt und auf der Polizeistation den Eltern übergeben.

Sein Verhalten, betont Hansi, sei keine Rebellion gegen die Eltern gewesen. Grenzen auszutesten verlockte ihn einfach. Er wusste, die Familie würde ihm nie den Zusammenhalt und die Liebe entziehen: »Sie haben geschimpft und gedonnert, aber sie waren immer verlässlich für uns da, und wir wussten immer, dass für uns familiäre Sicherheitsnetze gespannt waren.«

Hansis Eltern Rosa und Moritz Bustin führten ein Möbelgeschäft auf der Margaretenstraße im fünften Bezirk. Rosa hatte es als Mitgift in die Ehe gebracht. Den täglichen Betrieb regelte

Moritz, der aus einer deutschsprachigen Familie im mährischen Uherský Brod stammte und nach dem Ersten Weltkrieg, in dem er an die Front musste, nach Wien gezogen war. Wie sich seine Eltern kennenlernten, geht aus Hansis Unterlagen nicht hervor. Als Hansi am 18. Oktober 1925 auf die Welt kam, waren Rosa und Moritz bereits zwei Jahre lang verheiratet. Im Jänner 1928 bekamen sie ein zweites Kind, Herbert.

Hansi beschreibt seinen Vater als charmant, ausgeglichen und heiter. Er trug seinen Schnurrbart stets sorgsam gepflegt. Von ihm hat Hansi nicht nur das schmale Gesicht, die schwarzen Haare und Augen und den südländisch anmutenden, olivfarbenen Hautton, sondern auch die Freude am Handwerk geerbt. Die Arbeit im Geschäft machte meinem Urgroßvater Spaß, er war geschickt und reparierte viel selbst. Zu Moritz' Leidenschaften zählten Fußball und Fotografieren. Er dokumentierte die Familienausflüge in den Wienerwald, die Sommerfrische in Bad Vöslau, die beiden Söhne beim Spielen im Hof. Hansi nahm er manchmal zu Fußball-Länderspielen mit.

Meine Urgroßmutter, Rosa, war intelligent und interessiert, las Bücher und ging in Konzerte. Es gab Zeiten, in denen sie wenig sprach und in sich gekehrt schien, nachdenklich und ein wenig traurig. »Meine Mutter war das Gehirn der Familie«, schreibt Hansi. »Die Fronten waren vollkommen klar.« War es eine glückliche Ehe? Während der Sommerurlaube sei der Vater öfters nicht dabei gewesen, notiert Hansi. Er gab vor, sich um das Geschäft kümmern zu müssen, tatsächlich soll er Affären gehabt haben. Das erfuhr Hansi viele Jahre später von entfernten Verwandten. Stimmt es? Darüber gibt es keine Gewissheit.

Die Stimmung zuhause war jedenfalls harmonisch, erzählt Hansi, vor seinem Bruder und ihm stritten die Eltern nicht. Er vermutet, dass seine Mutter von den Fehltritten ihres Ehemanns

Hansi und seine Eltern Moritz und Rosa Bustin,
zirka 1930

nie erfuhr, sicher ist er sich aber nicht: »Als Kind kennt man seine Eltern nicht«, resümiert er.

Das Möbelgeschäft lief so gut, dass sich die Familie eine große Wohnung im zweiten Bezirk nahe der Innenstadt leisten konnte. Ich verlaufe mich, als ich die Adresse suche. Die Schöllerhofgasse ist nämlich wirklich eine Gasse, einspurig und kurz und nicht, wie es in Wien oft vorkommt, eine Straße, die zu Unrecht die Bezeichnung Gasse trägt. Sie liegt parallel zur Taborstraße, und ich bin erstaunt, wie nah sie Orten ist, die ich gut kenne. Gleich dort ist der Schwedenplatz mit der U-Bahnstation, auf dem sich rund um die Uhr Menschen tummeln. Ganz nah auch der Donaukanal mit der Uferpromenade, an der entlang ich oft spazieren oder laufen gehe. An einem Ende der Gasse befindet sich eine Wohnhausanlage, an deren Stelle bis zu seinem Abriss in den sechziger Jahren das zweistöckige Biedermeierhaus stand, in dem mein Großvater aufwuchs.

Mir fällt eine Geschichte ein, die mir meine Tante einmal erzählte: 1966, im Teenageralter, fuhr sie gemeinsam mit ihrem Vater, Hansi, zum Flughafen, um einen Bekannten abzuholen. Meine Tante saß auf der Rückbank des Autos, sie trug einen Beingips und hatte ihre Krücken neben sich. Auf der Autobahn wurden sie von einem anderen Fahrer geschnitten, woraufhin Hansi diesen bis zum Flughafen verfolgte, dort ausstieg, eine der Krücken wie einen Baseballschläger in die Hand nahm und sich drohend neben dem anderen Fahrzeug aufbaute. Der Fahrer reagierte dermaßen eingeschüchtert, dass Hansis Wut so schnell verflog, wie sie entstanden war. Ich betrachte den Ort, an dem er aufgewachsen war und den es nicht mehr gibt, versuche die Anekdote mit dem Bild, das ich als Kind von meinem freundlichen Großvater hatte, in Einklang zu bringen, und frage mich, ob ich meinen Großvater überhaupt gekannt habe – oder je verstehen können werde.

In der Wohnung in dem Haus, das nicht mehr steht, gab es ein Badezimmer mit fließendem Kaltwasser und einem hohen, kupfernen Badeofen, in den zwanziger Jahren seltene Neuheiten. Im geräumigen Vorzimmer spielten Hansi und sein Bruder Herbert Fußball; weil sich im darunterliegenden Stock das Lager einer Getreidefirma befand, beschwerte sich niemand über den Lärm. Eine Köchin versorgte die Familie, ein Kindermädchen passte auf Hansi und Herbert auf. Diese Arbeitsteilung war aber nicht konfliktfrei. Anscheinend mochte die Köchin die beiden Buben – oder sie wollte der anderen Frau das Leben schwermachen: »Da war ein ständiger Kleinkrieg um den Aufgabenbereich im Gange, den wir Kinder sehr genossen«, schreibt Hansi.

Die Familie pflegte einen engen Kontakt zu Rosas beiden Schwestern. Rosa, Hansis Mutter, war in Wien geboren und hatte ihre Mutter verloren, als sie und ihre eineiige Zwillingsschwester Frieda dreizehn Jahre alt gewesen waren. Ihre damals achtzehnjährige Schwester Sophie fühlte sich als älteste Frau im Haus für ihre Geschwister verantwortlich. Ihr Vater, der als Jugendlicher aus Polen nach Wien zugewandert war, Deutsch mit Wiener Dialekt sprach und sich mit Möbelgeschäften eine bürgerliche Existenz aufgebaut hatte, heiratete bald erneut. Die Abneigung gegen die Stiefmutter schweißte die Schwestern noch enger zusammen.

Genau wie Rosa bekamen auch Sophie und Frieda vom Vater Möbelgeschäfte als Mitgift. Beide befanden sich in Seitengassen der Landstraßer Hauptstraße, einer Geschäftsstraße im dritten Bezirk, nahe der Innenstadt. Die Kinder der Schwestern kamen in knapper Abfolge auf die Welt: Friedas Tochter war drei Jahre, Sophies Sohn zwei Jahre älter, ihre Tochter ein Dreivierteljahr jünger als Hansi. Fünf Kinder waren es insgesamt, die wie Geschwister aufwuchsen.

Jeden Sonntag traf sich die ganze Familie bei Hansis Tante Sophie, die als Älteste der drei Schwestern ganz selbstverständlich die Gastgeberin war. Sie aßen zu Mittag, dann spielten die Männer Rummy, mal im Wohnzimmer, mal in einem der Kaffeehäuser in der Umgebung. Die Schwestern redeten, die Kinder spielten. War das Wetter schön, unternahmen sie Ausflüge. Auch in den Schulferien fuhr meist die ganze Familie gemeinsam weg.

Als ich Hansis Erinnerungen an seine Kindheit lese, fällt mir auf, wie ähnlich sie meiner eigenen war. Mit meinen Cousinen und Cousins war ich beinahe ständig zusammen, oft ging ich nur zum Schlafen nachhause. Insgesamt sind wir elf Enkelkinder, von denen acht in Wien aufwuchsen. Nach und nach hatte die Familie auch die anderen Wohnungen des Hauses im neunzehnten Bezirk bezogen, in das meine Großeltern in den sechziger Jahren eingezogen waren. Meine Eltern und ich lebten einen Häuserblock davon entfernt. In der Wohnung meiner Großeltern hatte ich sogar ein eigenes Zimmer, in dem ich meine Hausaufgaben machte, wenn meine Eltern arbeiteten. Jeden Abend um halb sieben gab es Abendessen. Selten saßen weniger als acht Menschen um den Esstisch meiner Tante. Ruhe gab es im Haus fast nie.

Natürlich ist es kein Zufall, dass Hansis und meine Kindheit Parallelen aufweisen. Ihm war das Zusammenleben wichtig, und selten versäumte er eines der Abendessen. Stets saß er am selben Tischende. Nach jedem Essen schob er das Tischtuch ein Stück zur Seite und öffnete eine kleine Lade, die in den Tisch eingebaut war. Darin befanden sich seine Tabletten gegen Sodbrennen. Während ihn meine Großmutter streng anblickte und erklärte, er habe schon wieder zu viel und zu schnell gegessen, steckte er sich eine Kapsel in den Mund und spülte sie mit Wasser herunter.

Als ich nach New York ging, merkte ich, dass ich es nicht gewohnt war, allein zu essen. Zunächst fand ich das befreiend. Für mein Studium war ich ohnehin ständig unterwegs. So aß ich Bagels in der U-Bahn, Sushi auf der Parkbank und fertig angerichtete Salate aus dem Supermarkt, während ich in der Lobby des Institutsgebäudes hektisch einen Text in meinen Laptop tippte. Das war was anderes, als beim familiären Abendessen in Wien zu sitzen und mir das alltägliche Geplänkel anzuhören. Aber schon bald verlor sich dieser neuartige Reiz. Nein, nach Wien zurück wollte ich nicht, aber die gemeinsamen Abendessen fehlten mir. Warum gab es keine Technologie, die mich blitzschnell für ein paar Stunden an den Familientisch beförderte und dann wieder auf den Straßen von Manhattan ausspuckte?

EINE KINDHEIT IN WIEN: HANSI

Auf allen Kinderfotos sieht Hansi frech aus. Dunkle Haare, schmales Gesicht, schlaksige Figur. Er blickt stets aus dem Augenwinkel, ein wenig spöttisch, und scheint dabei abzuschätzen, wer ihm gerade zusieht. Auf einem dieser Fotos ist er etwa sechs Jahre alt, der kleine Bruder Herbert, vielleicht drei oder vier, hat sich bei ihm eingehängt. Beide tragen kurze Lederhosen mit bestickten Lätzen und darunter weiße Hemden. Hansi fällt eine Haartolle über die Augenbrauen, im Mundwinkel steckt ein Holzstück, das wie eine Pfeife aussieht. Seine Haltung ist aufrecht und selbstbewusst. Herbert blickt etwas unsicher in die Kamera.

Es ist nicht das einzige Foto, auf dem die Familie in Tracht zu sehen ist. Das verwundert mich zunächst. Ich hatte mich immer geweigert, solche Kleider zu tragen. Für mich standen Trachten für eine Identität, mit der mir nicht wohl war. Zu viel Stolz auf die eigenen Wurzeln, für die man ja nichts kann, und außerdem jede Menge konservatives Gedankengut. Sogenannte »Lederhosene« war in den dreißiger Jahren ein Synonym für illegale Nazis, und Trachtenfeste waren für sie ein beliebter Treffpunkt. Als ich das Foto von Hansi und Herbert entdecke, lese ich nach. Für viele, auch jüdische Stadtmenschen wie meine Familie, war es damals normal, sich für Ausflüge aufs Land so zu kleiden, erfahre ich. Wer es sich leisten konnte, fuhr auf Sommerfrische, und wer dort, zwischen Semmering und Salzkammergut, dazugehören wollte, trug die örtlichen Trachten. Wie identitätsstiftend diese Kleidung war, merkt man daran, dass es Juden bereits am 6. Juli 1938 verboten wurde, Trachten zu tragen – »zur Vermeidung der Gefährdung der öffentlichen Sicherheit«, weil es »unter der deutschen Bevölkerung berechtigten Unwillen auszulösen« drohte.

Einige Monate, nachdem ich das gelesen habe, im Sommer 2016, findet in meiner Nachbarschaft ein Kirtag statt. Normalerweise meide ich Veranstaltungen, auf denen es ein Gedränge gibt. Ich bin nicht gerade groß und lasse aus Angst, gerempelt zu werden, anderen den Vortritt, sodass ich nur mühsam vorankomme. Nun lebe ich aber seit kurzem wieder in Wien, und einige Freundinnen, die ich aus meiner Schulzeit kenne, wollen hin. Im Dirndl. Bin ich dabei? Auf einmal muss ich gar nicht mehr zögern. Hansi trug sein Leben lang gerne Lederhosen, meist am Wochenende, wenn er mit seinem Werkzeugkoffer durch das Haus ging und Reparaturen vornahm, da ein tropfender Wasserhahn, dort ein lockeres Scharnier. Bekleidung ist nur ein oberflächliches Erkennungsmerkmal. Ich ziehe das Dirndl an, es gehört meiner Cousine, sie hat es Jahre zuvor für eine Hochzeit in Salzburg gekauft. Ich bin mir nicht einmal sicher, aus welcher Region es stammt. Für mich steht es jetzt für meine eigene Geschichte.

Die Sache mit der Tracht sehe ich als Hinweis, wie selbstverständlich sich Hansis Familie als jüdische Österreicher gefühlt haben muss. Den zweiten Bezirk, ein schmaler Streifen Land zwischen Donau und Donaukanal, nannte man Mazzesinsel, weil dort so viele Juden lebten, dicht und weitgehend friedlich neben ihren nichtjüdischen Nachbarn. Zu den jüdischen Feiertagen wurden Gottesdienste in Kaffeehäusern gehalten. Im 17. Jahrhundert hatte sich hier in der Leopoldstadt eine Zeitlang das jüdische Getto befunden, bevor die Juden wieder aus der Stadt vertrieben worden waren. Das Gebiet lag außerhalb der

Stadtmauern und war bis zur Donauregulierung in der Mitte des 19. Jahrhunderts sumpfig und ständig von Hochwasser bedroht. Als das Staatsgrundgesetz 1867 den Juden beinahe völlige gesetzliche Gleichstellung einräumte, wurde Wien zu einem Zentrum des jüdischen Lebens, das Menschen aus dem gesamten Habsburgerreich anzog. Mit dem Ersten Weltkrieg kamen Flüchtlinge aus Galizien und der Bukowina. Als meine Urgroßeltern heirateten, lebten mehr als 200 000 Juden in der Stadt. Etwa jeder zehnte Wiener war jüdisch. Auch in New York waren zehn Prozent der Bevölkerung jüdisch, als ich 2012 hinzog.

Nach Hitlers Machtergreifung in Deutschland 1933 flohen zahlreiche deutsche Juden ins Nachbarland. Viele Juden sympathisierten mit dem christlichen Einparteienstaat, zu dem Österreich 1934 wurde. Er schien, verglichen mit den Nazis, das kleinere Übel zu sein. Juden genossen zudem Religionsfreiheit und bürgerliche Rechte. Mit dem neuen System war auch der Religionsunterricht wieder verpflichtend geworden. Nur so, schreibt Hansi, erfuhr er, welche seiner Freunde in der Volksschule in der Kleinen Sperlgasse auch Juden waren, weil er sah, wer mit ihm jede Woche in die Synagoge ging und sich durch den Hebräischunterricht quälte, Inhalte, die Hansi fremd waren. Bis auf seinen Großvater, der kein Schweinefleisch aß und im Vorstand einer Synagoge saß, war das Judentum im Familienleben nur ein paarmal im Jahr präsent, ähnlich wie auch in meiner Kindheit. Wie viele assimilierte Familien feierten sie die wichtigsten Festtage zweier Religionen: das jüdische Neujahr und den Versöhnungstag Jom Kippur im Herbst, Weihnachten und Chanukka im Winter, Ostern und Pessach im Frühjahr.

Im Herbst 1935 wechselte Hansi von der Volksschule auf ein öffentliches Gymnasium in der Radetzkystraße im dritten Bezirk. Hansis Cousin besuchte es bereits, auch dessen jüngere Schwester sollte im Jahr nach Hansi dort eingeschult werden.

Vielleicht hofften die Eltern, dass es dort besser laufen und Hansi endlich gute Noten nachhause bringen würde, um später einmal studieren zu können. Aber nein. Einige Wochen nach Schulbeginn gelang es Hansi sogar, in einem Krankenhaus die zuständigen Ärzte zu überzeugen, seine unverletzte rechte Hand einzugipsen, sodass er von Hausaufgaben befreit war. Wenig verwunderlich, dass man ihm bald nahelegte, eine akademisch weniger anspruchsvolle Schule zu wählen. »Am 6. Mai 1936 ausgetreten«, war in einer säuberlichen Handschrift auf seinem Katalogblatt vermerkt, das mir eine Lehrerin im Archiv zeigte. Hansi wechselte in eine vierjährige Hauptschule, eine Enttäuschung für die Familie. Warum er so knapp vor Schuljahresende gegangen war, steht nicht auf dem vergilbten Papier. Auch in Hansis Aufzeichnungen finde ich dazu nichts, und niemand in der Familie kann mir weiterhelfen. Waren es wirklich nur die Noten – im Halbjahreszeugnis hatte er kein einziges »sehr gut«, »genügend« in Naturgeschichte, Mathematik und Sprachen –, oder gab es einen anderen Vorfall? Ich wüsste das gerne genauer, denn das Dreivierteljahr auf der Radetzkyschule sollte sein Leben prägen. Doch nicht zum ersten Mal gibt es niemanden mehr, der mir das erzählen kann.

EINE KINDHEIT IN WIEN: HELGA

Für meine Großmutter Helga ist das Erinnern zu einem Sport geworden, einem Wettlauf gegen das Vergessen, in dem jedes Detail, das ihr einfällt, einen Vorsprung bringt. Hört man ihr zu, bekommt man detailliert berichtet, dass sie in den Jahren vor der Schule jeden Morgen ins Schlafzimmer der Eltern schlich und zur Mutter ins Bett kroch. Der Vater war da bereits in der Arbeit. Das Frühstück servierte das Dienstmädchen ans Bett. Zuvor hatte sie die Milch in einer Kanne aus dem Milchgeschäft geholt.

Oder dass sie die Vormittage mit ihrer Mutter Hertha oft im Alois-Drasche-Park im vierten Bezirk verbrachte: Den hatte Hertha besonders gern, denn hier, nur einige Häuserblocks entfernt vom Gemeindebau am Margaretengürtel, in dem die Familie lebte, konnte man sich ein wenig so fühlen, als wohnte man in einem der prachtvollen Häuser rund um den Park.

Helga erinnert sich auch daran, dass sie von ihrer Mutter in weiße Schuhe und Strümpfe gekleidet wurde, die Helga verabscheute, weil die Strümpfe mit einem Band an ihrem Leibchen befestigt waren. Hertha hatte es gerne vornehm, war selbst stets gepflegt, drehte der kleinen Helga die hellbraunen Locken ein und achtete darauf, dass die Tochter noch vor Schulbeginn die passende Ausbildung für junge Damen erhielt – Klavierspielen, Gesang, Tanzen, Englisch, Gymnastik, Schwimmen. Hertha, als Tochter eines protestantischen Adeligen und einer getauften Jüdin geboren, war selbst streng erzogen worden. In dem Internat einer Offizierstöchterschule, das sie besucht hatte, bis sie achtzehn war, musste man beim Duschen mit einem Umhang bekleidet sein, trug Uniformkleider aus braunem oder grauem Wollstoff mit weißen Schürzen und sprach bei Tisch nur Französisch. »Ein bisserl eine Gnädige« sei ihre Mutter immer gewesen, sagt Helga, eine Tochter aus besserem Haus, die nicht für ein Leben erzogen war, in dem sie auf sich allein gestellt war und eigene Entscheidungen treffen musste.

Sie waren Großbürger im Gemeindebau, bemerkt eine Bekannte, der ich die Kindheit meiner Großmutter beschreibe. So etwas gibt es heute nicht mehr. Im Esszimmer lag der Stolz der Familie, ein Perserteppich, neben dem Klavier, für das sie noch Raten abbezahlten. In der Wohnung gab es zwei Räume, die dem Vater, einem Lungenfacharzt, als Ordination dienten. Der Warteraum war nachmittags, wenn er Patienten empfing, oft so überfüllt, dass sich eine Menschenschlange bis ins Stiegenhaus bildete. Es hatte sich herumgesprochen, dass er jene, die es sich nicht leisten konnten, kostenlos behandelte.

Mein Urgroßvater Paul hatte das deutschsprachige Gymnasium in Brünn besucht und anschließend in Wien Medizin studiert. Vormittags arbeitete er als Polizeiarzt an zwei verschiedenen Wiener Inspektoraten. Die Polizisten mochten ihn – besonders jene der niedrigeren Ränge, weil er stets Verständnis für Underdogs zeigte.

Eine kuriose österreichische Mischung sei ihr Vater gewesen, sagt Helga: ein kaisertreuer Sozialist, patriotisch und tolerant jüdisch. Im Ersten Weltkrieg hatte er für die Habsburgerarmee in Italien gekämpft, wofür er mit dem Goldenen Verdienstkreuz ausgezeichnet worden war. Von einer Kriegsverletzung an der Lunge blieb ihm ein leicht verkrümmtes Rückgrat. Regelmäßig schickte er Geld an seine Mutter und drei Geschwister, die weiterhin im mährischen Brünn lebten. In seiner Wiener Nachbarschaft, jenem wenig vornehmen Teil des fünften Bezirks, der an den Gürtel grenzte, kannte und schätzte man ihn.

Meine Urgroßmutter Hertha, Jahrgang 1905, war ebenso wie ihre jüdische Mutter bei der Geburt getauft worden. Ihr Vater, ein Offizier in der kaiserlich-königlichen Armee, stammte aus einer angesehenen adeligen, wenn auch verarmten Familie. Als junger Offizier hatte er eine Ballonfahrt unternommen, ein Übungsmanöver. Der Ballon fing Feuer und stürzte ab. Herthas Vater erlitt einen Oberschenkelbruch, der sich schließlich entzündete. Das rechte Bein musste amputiert werden. Zwar galt er nun als Kriegsheld und erhielt einen Schreibtischposten, doch das jähe Ende seiner ehrgeizigen Pläne wurmte ihn sein Leben lang. Er galt als depressiv und schwer zugänglich. 1918, da war Hertha dreizehn, ließen sich ihre Eltern scheiden. Die Mutter arbeitete als Krankenschwester, der Vater heiratete erneut und verbrachte viel Zeit in seinem Sommerhaus auf einer kroatischen – damals italienischen – Insel. Um seine Tochter kümmerte er sich kaum. War Hertha nicht im Internat, lebte sie bei ihrer Mutter.

Als Hertha achtzehn Jahre alt war, erkrankte ihre Mutter an Gebärmutterkrebs. Nun erfuhr Hertha, die früher mit den anderen Kindern Spottlieder gesungen hatte, »Jud, Jud, spuck in Hut, sag der Mama, das tut gut!«, von ihrer eigenen jüdischen Herkunft. Zu dieser Zeit hatte Hertha die Offizierstöchterschule bereits abgeschlossen und arbeitete als Sekretärin bei einer Wiener Reinigungsfirma, eine Stellung, die ihr nicht gefiel. Am Krankenbett der Mutter im Erzherzog-Rainer-Krankenhaus lernte Hertha einen jüdischen Assistenzarzt kennen. Paul Pollak war dreizehn Jahre älter als sie und versprach, er wolle für sie sorgen und mit ihr eine Familie gründen. Mit ihm würde sie nie wieder allein sein. Sie heirateten 1925, nur wenige Monate nach dem Tod von Herthas Mutter.

Meine Großmutter Helga kam am 14. Februar 1929 zur Welt; im Jahr davor war das erste Kind kurz nach der Geburt an einem Herzfehler gestorben. Umso mehr wurde nun Helga verwöhnt. Obwohl Geld stets knapp war, bekam sie nur das Beste – Privatunterricht, schöne Kleidung, viel Aufmerksamkeit. Das prägte sie. Ich glaube, dass sie schon in jenen frühen Jahren ein Selbstbewusstsein entwickelte, das sie später unerschütterlich erscheinen ließ. Ich kann mich nicht erinnern, sie je an sich zweifelnd erlebt zu haben. Kritik prallt an ihr ab, was uns Enkelkinder manchmal wütend macht. Sie solle vor dem Betreten des Zimmers anklopfen, baten wir sie etwa oft. Erfolglos.

In Helgas Kindheit blieb die Armut nahe. Das Dienstmädchen etwa, Minna, lebte in einem länglichen Verschlag in der Küche, nach heutigen Maßstäben unvorstellbar. Damals, davon ist meine Großmutter überzeugt, war das nicht nur üblich, sondern Minna sei sogar äußerst dankbar für die Arbeit, die regelmäßige Bezahlung und die Unterkunft gewesen. Die Folgen der Weltwirtschaftskrise waren schließlich bemerkbar. Als Helga 1935 in die Volksschule eintrat, war in Wien noch immer zirka ein Fünftel der Bevölkerung arbeitslos.

1931 entschloss sich Hertha, die nach jüdischen Gesetzlichkeiten aufgrund ihrer Mutter als Jüdin galt, offiziell der jüdischen Gemeinde beizutreten. Damit das Kind wisse, wo es hingehört, erklärte sie später. Zu Weihnachten gab es weiterhin einen Christbaum und Geschenke, zu Chanukka wurden die Kerzen der Menora angezündet.

In der ersten Volksschulklasse erkrankte Helga an Windpocken. Jeden Tag strich die Mutter die juckenden Pusteln mit einer weißen Tinktur ein. Helga war schon länger aufgefallen, dass Hertha, deren Figur immer rundlich gewesen war, nun einen enorm großen Bauch hatte. Nachdem sie eines Morgens Helgas Haut versorgt hatte, erklärte Hertha, dass sie jetzt weg-

Helga und ihre Eltern Hertha und Paul, zirka 1933

müsse, um das Kind abzuholen, das der Storch gebracht habe. Das missfiel der Sechsjährigen: »Hab ich gesagt, lass es doch dort, mir geht's so schlecht! Hat sie gesagt, na, dann kriegen wir keins. Hab ich gesagt, dann nimm das nächste.« Helgas Argumentation überzeugte nicht. Am 16. April 1936 bekam Helga eine kleine Schwester, Liese.

DAS JAHR 1938

Ein paar Klicks, und aus meinem Computer dringt die Stimme von Kurt von Schuschnigg. Er macht lange Pausen zwischen den Sätzen. »So verabschiede ich mich in dieser Stunde von dem österreichischen Volke mit einem deutschen Wort und einem Herzenswunsch: Gott schütze Österreich!« Als Helgas Vater Paul die Rede des Bundeskanzlers an jenem Freitag, dem 11. März 1938, kurz vor acht Uhr abends, im Radio hörte, weinte er.

Seit vier Jahren bemühte sich der austrofaschistische Ständestaat um eine Abgrenzung von Hitler. Mehrfach drohte dieser, mit seinen Truppen einzumarschieren, zuletzt wenige Tage zuvor, als Schuschnigg eine Volksabstimmung zur Unabhängigkeit Österreichs ankündigte. Am 11. März trat Schuschnigg zurück und befahl dem Militär, keinen Widerstand gegen Nazideutschland zu leisten.

Helga saß neben dem Vater im Wohnzimmer – daran erinnert sie sich genau. Die Mutter besuchte gerade Verwandte in Brünn, die knapp zweijährige Liese hatte sie mitgenommen. Deshalb war die Neunjährige allein mit dem verzweifelten Mann. Sie weinte mit ihm, auch wenn sie nicht verstand, wovor er Angst hatte.

Am nächsten Tag überschritten deutsche Truppen die österreichische Grenze. Am 13. März unterzeichnete der von den Nazis eingesetzte neue Bundeskanzler das Anschlussgesetz, einen Tag später kam Hitler nach Wien. Feierstimmung auf der

Mariahilfer Straße, Girlanden, Panzer, Marschmusik. Am Vormittag des 15. März zeigt sich der Reichskanzler auf dem Balkon der Hofburg. Mitten in der Menschenmenge ist mein Großvater Hansi. Der Zwölfjährige ist auf eine Laterne geklettert, um besser sehen zu können. Die Sonne scheint, die Gesichter der Menschen glänzen, mit den anderen schreit er »Sieg Heil«.

Die Eltern waren entsetzt gewesen, als er sich zum Heldenplatz davongemacht hatte. Alle anderen jüdischen Familien versteckten ihre Kinder zuhause, doch Hansi faszinierte die Begeisterung, und er ließ sich, wie zuvor oft, von Warnungen nicht beirren. Wahrscheinlich, denke ich, war das für meinen Großvater ein Abenteuer von vielen, dessen Reiz nur von der gedrückten Stimmung zuhause geschmälert wurde. Er habe das unbestimmte Gefühl gehabt, dass er beim Feiern nicht erwünscht war, schreibt er. Aber seine Neugier übertrumpfte die Angst: »Wenn man nur laut genug mitschrie, konnte man nicht wirklich auffallen.«

Ich frage mich, wie Hansis Eltern, Onkel und Tanten über ihre Zukunft dachten. Hofften sie, sich in den ungewissen neuen Zeiten irgendwie arrangieren zu können? Nicht aufzufallen, indem man laut genug mitschrie oder still arbeitete? Möglich, dass ihnen bei den ersten Ausschreitungen nach dem »Anschluss« noch nicht klar war, dass eine Gefahr von neuem Ausmaß drohte. Pogrome kommen und gehen, glaubten viele Wiener Juden. Vom Bodenreiben stirbt man nicht. Hansis Tante Sophie wurde gezwungen, mit einer kleinen Bürste den Gehsteig einer Gasse im dritten Bezirk von Schmierereien der Schuschnigg-Anhänger zu reinigen, umringt von hämisch zusehenden Menschen. Das weiß ich, weil es mir ihre Tochter, Hansis Cousine Ilse, viele Jahre später erzählte, als ich sie in London besuchte. Ganz in der Nähe des Möbelgeschäfts ihrer Eltern in der Seidlgasse war ein Taxistand, erzählte sie mir in ihrem altmodischen Deutsch, in das sie immer wieder englische Wörter mischte. Mit den Taxifahrern verstand sich ihr Vater gut, er kannte sie alle und plauderte oft mit ihnen. Nach dem »Anschluss« erwiderten sie seinen Gruß nicht mehr. Einen Monat später, da war Ilse elf Jahre alt, nahm sich der Vater das Leben.

Das Leben meiner Großmutter Helga verlief zunächst weiter wie bisher. Morgens brachte der Vater sie in die Schule, die öffentliche Volksschule in der Gassergasse im fünften Bezirk, zwei Häuserblocks von der Wohnung. Zu Mittag wurde sie von ihm oder dem Dienstmädchen abgeholt. Mittagessen, Mittagsschlaf, Hausaufgaben, Klavierspielen, in den Park gehen.

Mitte April 1938 betrat der Direktor vor Unterrichtsbeginn das Klassenzimmer. Alle Schüler der dritten Klasse standen auf. Helga und ein anderes jüdisches Mädchen wurden aufgerufen. Die beiden hätten die Schule sofort zu verlassen, verkündete der Direktor, am Revers ein NS-Parteiabzeichen. Juden seien hier ab sofort unerwünscht. Helga fing an zu weinen. Sobald der Direktor aus der Klasse war, tröstete sie die Lehrerin, mit dem Ausschluss ihrer Schülerinnen nicht einverstanden, aber machtlos dagegen: In der neuen Schule, nur für jüdische Kinder, würde es auch schön sein.

Und tatsächlich, es war dort gar nicht schlecht, auch wenn Helga nun jeden Morgen zu Fuß quer durch den fünften Bezirk zur Volksschule am Hundsturm gehen musste, wo die Klassen überfüllt waren. Helga lernte gerne, und die jüdischen Lehrer waren bemüht, geordnet zu unterrichten, was nicht leicht war, weil ständig Kinder ausschieden. In den Jahren 1938 und 1939 flohen rund 100 000 österreichische Juden ins Ausland. Mit dem »Anschluss« war eine Flut von neuen Gesetzen, Erlassen, Verboten und Anordnungen über die jüdische Bevölkerung hereingebrochen. Jüdische Beamte wurden entlassen, Journalisten,

Rechtsanwälte, Schauspieler und Musiker bekamen Berufsverbot, Schüler, Studenten und Lehrer wurden von Schulen und Universitäten vertrieben. Die Nürnberger Rassegesetze regelten, wer als Jude galt und wer nicht, Enteignungen wurden systematisch durchgeführt. Das ging so schnell, dass die Verfolgten nicht imstande waren, die Lage zu analysieren. Und ständig kam etwas Neues hinzu.

Der Schulwechsel ist Helga als demütigender und traumatischer Einschnitt in Erinnerung geblieben. Sie fühlte sich wehrlos, sagt sie später. Zum ersten Mal wollte man ihr zu verstehen geben, dass sie nicht dazugehörte. Es geschieht selten, dass ich von Helga so bestimmte Worte darüber höre, wie sehr Ungerechtigkeiten sie verletzten. Sie sei einfach nicht sentimental, sagt sie normalerweise und betont, dass sie sich an die Situation gewöhnte oder dass es Menschen gab, die halfen, sie erträglicher zu machen. Genauso ist es jetzt: Dass die Lehrerin sie tröstete, sei wichtig, das soll ich bitte nicht vergessen aufzuschreiben.

»... AM LIEBSTEN ALLE ZUSAMMEN«

»Angehörige« steht über dem Kästchen auf der zweiten Seite. Das Kästchen ist in zehn Zeilen unterteilt. Acht davon hat Hansis Tante Frieda ausgefüllt. Sie selbst und ihre fünfzehnjährige Tochter Litzi, die ältere Schwester Sophie und deren elfjährige Tochter Ilse, Friedas Zwillingsschwester Rosa, also Hansis Mutter, samt Familie, nämlich Hansis Vater Moritz, Hansi und sein Bruder Herbert. »Welche der oben genannten Angehörigen sollen jetzt und welche später auswandern?«, lautet die vorgedruckte Frage darunter. Ihre Familie zuerst, schrieb Frieda, »aber am liebsten alle zusammen«.

Der Fragebogen wurde Anfang Mai 1938 von der »Auswanderungsabteilung« der »Fürsorgezentrale der Israelitischen Kultusgemeinde Wien« ausgegeben. Die IKG, seit 1852 die Interessenvertretung der Juden und in Wien Dachorganisation von 440 jüdischen Vereinen, war wenige Tage nach dem »Anschluss« weitgehend geschlossen worden. Knappe zwei Monate später öffnete sie wieder, nun neu strukturiert: Neben der Verbreitung der NS-Gesetze war die sogenannte Auswanderung ihre Hauptaufgabe. Die Gemeinde verpflichtete sich gegenüber dem NS-Regime, 20 000 mittellose Juden dazu zu bringen, im nächsten Jahr »auszureisen«. Diese Menschen waren nicht schwer zu finden. Die Gemeinde verteilte zweiseitige »Auswanderungsfragebögen«, auf denen neben Daten wie Name, Beruf, Einkommen und Angehörige auch Wunschziel sowie Beziehungen im Ausland angegeben werden sollten. Innerhalb der ersten drei Wochen meldeten sich 40 000 Menschen. Darunter auch Frieda.

Acht Verwandte auf den »Auswanderungsfragebogen« zu schreiben, das sei ungewöhnlich, erklärt mir die Archivarin der IKG, während sie den Scan des grauen Papiers auf ihrem Computerbildschirm vergrößert. Eine solch hohe Zahl gebe es selten. Ich bin ein wenig stolz auf meine Urgroßtante Frieda, die ich nie kennengelernt habe. Die vielen Namen auf dem Bogen bedeuten sicherlich, dass sie mehr Einsatz für ihre Familie zeigte als die meisten anderen. Oder?

Auch mein Urgroßvater Moritz füllte am 10. Mai 1938 einen solchen Bogen aus. Dieser sieht ganz anders aus als der seiner Schwägerin. Die Scans zeigen, dass Friedas Fragebogen oft in die Hand genommen wurde, er ist mit Stempeln und Notizen versehen, die Ränder scheinen abgestoßen. Außerdem sind siebzehn weitere Seiten angefügt. Der Fragebogen von Moritz hingegen ist bis auf seine eigenen Angaben leer. Das Papier scheint glatt, es hängen keine weiteren Dokumente daran.

Moritz' Handschrift, die ich hier zum ersten Mal sehe, ist schwungvoll und selbstbewusst. Auf die Frage »Bisherige Tätigkeit und letzte Stellung« antwortete er kurz mit »Kaufmann«. Auf »Wurde ein neuer Beruf erlernt? Wenn ja, welcher?« folgte »Anstreicher«. Merkwürdig, denke ich. Wäre in einer solchen Situation nicht zu erwarten gewesen, die eigenen Fertigkeiten ausführlich zu erläutern? Auch bei der Liste der Angehörigen scheint er weniger bemüht als seine Schwägerin. Gerade einmal vier Menschen führte er an: seine Frau und die zwei Söhne sowie eine sechzehnjährige Nichte.

Vermutlich füllte Moritz den Bogen weniger sorgfältig aus, weil er ahnte, dass seine Chancen zur Emigration schlecht standen. Er gab an, keine Mittel für die Auswanderung zu besitzen, was ein Problem war, weil das NS-Regime alles daransetzte,

Juden vor der Ausreise ihr Vermögen abzunehmen. »Reichsfluchtsteuer«, »Sühneabgabe« und Zahlungen in den »Auswanderungsfonds« waren fällig, man musste kostspielige Nachweise und Bewilligungen erbringen, für Schiffskarten, Devisen und Visum selbst aufkommen.

Um für ein Einreisevisum in die Vereinigten Staaten in Frage zu kommen, brauchte man zudem einen amerikanischen Staatsbürger, der bereit war, ein Affidavit auszustellen, also eine Garantieerklärung, dass man für die Flüchtlinge sorgen würde. Die dritte große Hürde war ein restriktives Einwanderungsgesetz, das für Zuwanderer eine Quote festsetzte. Sie hing davon ab, wie viele Menschen aus einem bestimmten Land bereits in den Vereinigten Staaten lebten. Für Flüchtlinge aus dem Herrschaftsgebiet der Nationalsozialisten gab es zu wenige Plätze: Bis Juni 1939 hatten sich 309 000 deutsche, österreichische und tschechische Juden für 27 000 verfügbare Plätze beworben.

Mein Urgroßvater, so wirkt es, dachte realistischer als seine Schwägerin. Das scheint auch in Hansis Aufzeichnungen öfters durch. Sein Vater, schreibt er, schätzte die Möglichkeiten und Gefahren richtig ein und traf, den Umständen entsprechend, kluge Entscheidungen. Das sollte dem Sohn später das Leben retten.

Auf den siebzehn gescannten Seiten, die an den Fragebogen meiner Urgroßtante Frieda geheftet sind, kann ich nachvollziehen, was zwischen Mai 1938 und November 1939 mit der Familie geschah: Die erste Seite ist eine »Hausrecherche«, durchgeführt von der Kultusgemeinde. In Stichworten werden die Lebensumstände erläutert. Kurz nach dem »Anschluss« war Friedas Mann verhaftet worden, weil ein Lieferant gegen ihn ausgesagt hatte, vermutlich in der Hoffnung, das Möbelgeschäft übernehmen zu können. »Geschäft liquidiert – nichts erhalten«, steht dort. Ein vom NS-Regime eingesetzter Verwalter hatte den

Betrieb übernommen und innerhalb weniger Monate aufgelöst. Als Folge waren die Mutter und die fünfzehnjährige Tochter Litzi auf die Fürsorge der Kultusgemeinde angewiesen, erhielten dreißig Reichsmark im Monat und aßen bei den Ausspeisungen. Im August 1938 konnten sie sich die eigene Wohnung nicht mehr leisten, vielleicht wurden sie auch gekündigt. Frieda zog zu ihrer Zwillingsschwester, Hansis Mutter, wo sie gemeinsam mit ihrer Tochter ein Zimmer bewohnte – Jahre zuvor, bevor Rosas Söhne auf die Welt gekommen waren, hatten die Schwestern und ihre Ehemänner schon eine Zeitlang zusammengelebt.

»Affidavit von Cousin erhalten«, schrieb der Beauftragte der Kultusgemeinde, der die Hausrecherche machte. Wie war das meiner Urgroßtante Frieda gelungen? Sie wusste, dass ihr Mann, der im Gefängnis saß, einen Cousin namens Israel Simochowski hatte, der schon kurz nach der Jahrhundertwende nach New York ausgewandert war und dort seinen Namen in Irving Simon amerikanisiert hatte. Kontakt gab es zu ihm keinen.

Ich frage Friedas Enkeltochter, die in einem New Yorker Vorort lebt und als Psychologin arbeitet, per E-Mail, wie Frieda den Cousin fand: Sie besorgte sich ein Telefonbuch von New York und suchte die Einträge unter dem Namen des Cousins heraus. »Ich glaube, sie fand viele Menschen mit dem gleichen Namen und schrieb ihnen allen. Zum Glück war einer davon der Richtige.« Irving erklärte sich bereit, ihnen Affidavits auszustellen. Als nächsten Schritt suchte Frieda an der amerikanischen Botschaft um ein Visum an. Im Vergleich zu vielen österreichischen Juden standen ihre Chancen auf einen Quotenplatz besser: Ihr Mann, der in Kiew geboren wurde, war nämlich russischer Staatsbürger und die russische Quote, unter die seine Familie deshalb fiel, etwas weniger überlaufen als die österreichische.

Ilse, Hansi, Litzi, Fritz, zirka 1930/31

Inzwischen sahen sich Frieda und ihre Schwestern nach Möglichkeiten um, die Kinder aus dem Land zu bekommen. Friedas Ehemann saß im Gefängnis, Sophies Mann hatte sich im April 1938 das Leben genommen. Nur Hansis Eltern waren noch zusammen. Als nach den Novemberpogromen jüdische Vertreter in Großbritannien Transporte und Unterkünfte für verfolgte Kinder organisierten, meldeten sie alle fünf Kinder der Familie an – Hansi und seinen Bruder Herbert, Ilse und Fritz, die Kinder von Sophie, und Litzi, Friedas Tochter. Es gab mehr Anmeldungen als Plätze, weshalb bei der Vergabe Waisen und jene Kinder, deren Eltern in Haft waren, bevorzugt wurden. So erhielten Litzi, Ilse und Fritz einen Platz, Hansi und Herbert aber nicht. Im Dezember 1938 verabschiedeten sie sich am Bahnhof. Die anderen würden bald nachkommen, hieß es.

Die Flucht seiner Cousinen und seines Cousins, mit denen er wie Geschwister aufgewachsen war, erwähnt Hansi nur in einem Nebensatz. Ist es Gleichgültigkeit, Verdrängen oder Vergessen? Es sind Ilse, die in London blieb und Volksschullehrerin wurde, und Litzi, die nach New York zog, die mir viele Jahre später von der Abreise aus Wien und der Trennung von der Familie erzählen. Ilse musste sich vor der Abreise ihre langen, schwarzen Zöpfe abschneiden. Das Flechten war aufwendig, das konnte die Zwölfjährige nicht allein, und wer wusste schon, ob sie in England auf hilfsbereite Menschen stoßen würde. Ich vergleiche das letzte Foto, das vor ihrer Flucht gemacht wurde, mit einem um wenige Monate früheren. Mit dem Pagenkopf sieht sie um Jahre älter aus, denke ich. Ilses Hand liegt auf der Schulter der Mutter, ihre Köpfe berühren sich beinahe.

Litzi, damals sechzehn, freute sich auf die Fahrt. Dafür schäme sie sich nun ein wenig, erzählt sie mir, als ich sie in ihrem Haus auf Long Island besuche. Sie habe zu den wenigen gehört, die in der Schule Englisch gelernt hatten, und konnte es kaum erwarten, die Sprache zu verwenden. Als sie sich am Bahnhof von den Eltern verabschiedete, weinte der Vater, der kurz zuvor aus dem Gefängnis entlassen worden war. Die Mutter blieb gefasst. »Wir werden uns wiedersehen«, sagte sie der Tochter. Litzi glaubte es.

Im August oder September 1939 erhielten Litzis Eltern endlich ein Visum für die Einreise in die Vereinigten Staaten. Es galt nur für zwei Personen. Die übrigen Seiten, die an den Fragebogen angeheftet sind, dokumentieren den bürokratischen Spießrutenlauf, den sie nun zu absolvieren hatten. Unzählige Amtswege waren zu erledigen, vom NS-Regime so organisiert, dass diese mühsam und teuer waren. Wer Wertgegenstände mitnehmen wollte, musste einen hundertprozentigen Aufschlag zahlen. Wertpapiere und Versicherungen durften nicht ausgeführt werden. Um eine Steuerunbedenklichkeitserklärung zu erhalten, eine von mehreren Bestätigungen, die zum Verlassen des Landes notwendig waren, benötigte man Dokumente von vier verschiedenen Behörden. Dann gab es noch die Bestätigung der politischen Unbedenklichkeit, das Sittenzeugnis und den Wohnungsnachweis, man brauchte neue Reisepässe, musste eine Vermögensliste abgeben und hatte schließlich, hielt man endlich die Ausreisebewilligung in der Hand, nur vierzehn Tage Zeit, das Land zu verlassen. Andernfalls drohte die Deportation in ein Konzentrationslager. Vor den Ämtern und Botschaften schlugen SS-Männer mit Peitschen auf die Wartenden ein.

Die Bürokratie war schikanös. Die Erklärung der steuerlichen Unbedenklichkeit erhielt die Familie nur »gnadenweise«, wie ich einem Brief entnehme, den Litzis Vater an »die löbliche Kultusgemeinde« schrieb und der dem Fragebogen beigefügt ist. Ich frage mich, ob »gnadenweise« bedeutete, dass er Bestechungsgelder zahlte, was öfters vorgekommen sein soll. Die Steuerunbedenklichkeit war nur drei Monate lang gültig.

Zur Ausreise fehle ihm nun Geld, um die Schiffskarten, die 865 Reichsmark kosteten, zu zahlen, schreibt Litzis Vater. Den Verwandten in den Vereinigten Staaten habe er schon zwei Telegramme geschickt. Die Kultusgemeinde jedoch bekomme von britischen und amerikanischen jüdischen Organisationen finanzielle Unterstützung. »Ich sehe daher keinen anderen Weg, als mich an die löbliche Kultusgemeinde zu wenden, und bitte Sie sehr inständigst, uns zwei Schiffskarten zu beschaffen«, schreibt er. »Es wäre doch furchtbar traurig, wenn wir, da wir schon alles in der Hand haben, wegen der Schiffskarten die Chance fürs Leben verlieren würden.«

Für den 7. November 1939 erhielt er einen Termin, um bei der »Auswanderungsabteilung (Gruppe Abfertigung)« der IKG vorzusprechen. Das zeigt ein vorgedrucktes Formular, ebenfalls im Anhang des Fragebogens. Die nächste Seite ist voller handschriftlicher Notizen. Dazwischen sind mehrere Datumstempel, alle von Anfang November 1939. »2 Schiffskarten 865 RM ($ 346)« steht dort. »Schiffskarten in Amsterdam bezahlt«, notierte jemand am 12. November 1939. In letzter Minute war das Geld aus den Vereinigten Staaten eingetroffen. Der amerikanische Cousin Irving Simon, von Beruf Fleischhauer, hatte dafür sein Auto verkauft.

Die Schiffskarten ihrer Eltern besitzt Litzi noch. Am 22. November 1939 bestiegen Frieda und ihr Mann in Rotterdam ein Schiff der Holland-Amerika-Linie, 3. Klasse, Kabine 553, Bett D und Kabine 592, Bett B. Das Ziel war der Hafen von Hoboken in New Jersey.

Die Zwillingsschwestern Frieda und Rosa hatten ihr gesamtes Leben gemeinsam verbracht. Sie sahen sich mit den dunklen, kinnlangen Locken, dem leichten Sternblick und der stämmigen Figur sehr ähnlich und hatten es stets lustig gefunden, wenn andere sie verwechselten. Auf der Straße gingen sie oft

Hand in Hand. Sie verbrachten die Sonntage, die Urlaube, die Feiertage gemeinsam. Die letzten Monate hatten sich die Zwillingsschwestern wieder eine Wohnung geteilt. Das war nun alles zu Ende. Frieda ging, Sophie und Rosa blieben in Wien.

»Am liebsten alle zusammen«, hatte Frieda anderthalb Jahre zuvor hoffnungsvoll naiv auf den Fragebogen geschrieben. Sechs Erwachsene und fünf Kinder zählte die Familie meines Großvaters im März 1938. Während ich die Informationen über die verschiedenen Schicksale zusammentrage, frage ich mich, was sich die Schwestern beim Abschied dachten und sagten. War ihnen bewusst, dass die Familie zerstört worden war? Womöglich schätzten sie die Situation gar nicht so hoffnungslos ein. Jeder war mit dem Versprechen fortgegangen, sich umzusehen, ob die Familie nachkommen könnte. Ilse besuchte ein von Quäkern geführtes Internat in Südengland. Immer wieder fragte sie nach, ob es Platz für ihre beiden Cousins gäbe. Doch die Schule war komplett überfüllt, Ilse lernte Englisch, der österreichische Akzent blieb, weil so viele Flüchtlingskinder dort waren. Der Kriegsausbruch im September 1939 machte die Flucht nach England schließlich unmöglich. Ilses Bruder Fritz lebte in Sydney, wo ihn eine jüdische Familie aufgenommen hatte. Sie bemühten sich, seiner Mutter ein Visum zu beschaffen. Der aufwendige Prozess ging schleppend voran. Frieda und ihr Mann waren auf dem Weg nach New York, wo sie zunächst bei Irving und seiner Frau leben und Arbeit suchen würden. Später sollten sie sich eine eigene Wohnung leisten und ein kleines Möbelgeschäft in der Bronx eröffnen können. So würden sie Geld zusammenkratzen, um die Überfahrt ihrer Tochter zu bezahlen, die bei einer Gastfamilie in Liverpool wohnte. Dann wollten sie versuchen, die Verwandten aus Wien herauszuholen. Vielleicht würden sie bald wieder alle zusammen sein.

»AUSWANDERN? WO DENKST DU HIN!«

Beglückt vom Fund der »Auswanderungsfragebögen« von Hansis Familie, frage ich im Archiv der IKG, ob es diese Dokumente auch von Helgas Familie gebe. Sie finden nichts. Ich beschließe, Helga bei unserem nächsten Treffen danach zu fragen. Die Abendessen bei meiner Tante sind eine gute Gelegenheit dazu. Jeden Montag trifft sich dort die Familie. Seit ich wieder in Wien lebe, verpasse ich sie nur ungern. Großmutter Helga isst abends nur wenig, kommt aber gerne von ihrer Wohnung im ersten Stock herunter und setzt sich zu uns.

Ob sie wisse, ob ihr Vater im Frühsommer 1938 einen »Auswanderungsfragebogen« ausfüllte, frage ich sie. Sie sieht mich an. »Wo denkst du hin?«, sagt sie und klingt entrüstet und traurig zugleich. In ihrer Familie war in den ersten Monaten nach dem »Anschluss« vom Fliehen nicht die Rede.

Kurz nach dem »Anschluss« wurde ihr Vater von seiner Stelle als Polizeiarzt zunächst beurlaubt und schließlich pensioniert, obwohl er erst 46 Jahre alt war. Fast überall sonst wurden Juden einfach entlassen. Die Pensionierung war also ein besonderes Entgegenkommen seiner Vorgesetzten, da er so eine Rente bezog. Es schien daher nicht so schlimm, erzählt Helga. Ihr Vater war überzeugt, einen Platz in dem neuen System finden zu können. So war er nun einmal, fügt Helga an, immer bereit, an das Gute zu glauben. Nun, da er unten war, erwartete oder erhoffte er von anderen die gleiche Solidarität, die er Schwächeren gegenüber immer gezeigt hatte.

Wenig später erhielt die Familie, wie zweitausend andere jüdische Mieter in den Wiener Gemeindebauten, ein Kündigungsschreiben. 66 000 Wohnungen hatte die sozialdemokratische Wiener Stadtregierung in der Zwischenkriegszeit geschaffen. Als nun Parteipersonal und Militär aus dem Deutschen Reich nach Wien zog, wurde der Wohnraum noch knapper, als er ohnehin schon war. Die Kündigung von »Nichtariern« bot sich an. Räumungstermin: 1. Juli 1938.

Das Schreiben ist im Dokumentationsarchiv des österreichischen Widerstandes als Scan erhalten. Ich betrachte das handschriftlich ausgefüllte Formular. Das Gekrakel neben dem vorgedruckten »Kündigungsgrund« heißt vermutlich »Juden« oder »Nichtarier«. Dem Kündigungsschreiben sind mehrere Dokumente beigefügt. So sehe ich, dass mein Urgroßvater eine Woche, nachdem er das Schreiben erhalten hatte, Einwand erhob. Auf der Schreibmaschine tippte er am 30. Mai 1938: »Da ich eine entsprechende Ersatzwohnung erst im Augusttermine beziehen kann und als kriegsgeschädigter Frontkämpfer – ich bin derzeit Polizeisanitätsrat (beurlaubt) – noch nicht genau informiert bin, welchen Ruhegenuss ich beziehen werde und nach welchem Standard ich mir demnach eine Ersatzwohnung suchen werde respektive leisten kann, bitte ich, mich noch bis Monat August in der Gemeindewohnung wohnen zu lassen. Ich verpflichte mich, zum Augusttermin die Wohnung zu räumen.« Die Antwort der städtischen Wohnhäuserverwaltung kam zwölf Tage später und ist ebenfalls archiviert: Einer Verlängerung der Räumungsfrist werde nicht zugestimmt.

Begann mein Urgroßvater jetzt zu zweifeln? Ich frage mich, ob es Diskussionen zwischen ihm und seiner Frau gab. War meine Urgroßmutter Hertha damals schon so resolut, wie sie es später werden sollte, als sie auf sich allein gestellt war? Schnell, füllt den »Auswanderungsfragebogen« aus und macht euch auf die Suche nach Verwandten oder Bekannten, die euch ein Affidavit ausstellen oder sonst wie helfen können, aus dem Land zu kommen, will ich ihnen zurufen. Ich weiß ja, wie es weiterging.

Aber nein. Am 30. Juni 1938 musste Paul das vierseitige Formular »Verzeichnis über das Vermögen von Juden« ausfüllen. 100 Reichsmark hat er auf einem Sparbuch, 200 Reichsmark sind seine goldene Taschenuhr und das Tafelsilber wert, ebenfalls 200 Reichsmark die medizinischen Instrumente und Bücher. Den Rückkaufwert seiner Lebensversicherung schätzt er auf 1200 Reichsmark. Wie viel seine Pension wert sein wird, weiß er zu diesem Zeitpunkt noch nicht. Stimmen die Angaben, hat die Familie tatsächlich kaum Ersparnisse, sicherlich zu wenig für die kostspielige Flucht von vier Personen. Vielleicht versuchte es Paul also gar nicht, weil ihm das klar war. Um ihn herum probierten Zehntausende Juden verzweifelt, das Land zu verlassen. Bestimmt hörte er, wie teuer, mühsam und deshalb vielfach aussichtslos es war.

Konntet ihr nicht jemanden finden, der euch Geld borgt?, will ich ihm sagen. »Der Papa war betriebsblind«, sagt Helga. Wie immer, wenn es um ihren Vater geht, erzählt sie zögerlicher als sonst. Sie will ihn nicht für seine Entscheidungen verurteilen. Damals schienen sie vernünftig.

Die neue Wohnung, die die Familie Mitte Juni 1938 bezog, befand sich in der Margaretenstraße im fünften Bezirk und war schöner und größer als jene im Gemeindebau, erinnert sich Helga. Obwohl bereits ein jüdischer Arzt und seine Gattin dort lebten, die sich bemühten, in die Vereinigten Staaten auszuwandern, gab es genug Platz, sogar mehrere Balkone und ein Turnzimmer. Zum ersten Mal wohnte Helga in einer Wohnung mit einem eigenen Badezimmer. Zuvor war sie immer mit Wasser, das auf dem Herd gewärmt wurde, in der kleinen Kinderbadewanne in ihrem Zimmer abgeschrubbt worden.

Auch ein Ordinationszimmer gab es wieder. Paul empfing weiterhin Patienten; wie alle jüdischen Ärzte hatte er seine Kassenverträge verloren, gehörte aber zu den wenigen, die als »jüdische Krankenbehandler« zur Behandlung von Juden zugelassen worden waren. Weil sich Juden von »arischen« Ärzten nur behandeln lassen durften, wenn sie in Lebensgefahr schwebten, kamen Patienten von weit her. Vor dem »Anschluss« hatte er vielen Patienten wenig oder nichts verrechnet, falls sie sich die Behandlung nicht leisten konnten. Nun kamen Juden aus allen Schichten zu ihm. Die Ordination lief gut, Paul verdiente mehr als zuvor. Sein Vertrauen in sein Österreich war wiederhergestellt, die Unannehmlichkeiten des Regimewechsels schienen überstanden.

Als mir Helga zum ersten Mal erzählt, dass sich die Situation der Familie nach dem »Anschluss« zunächst einmal verbesserte, glaube ich, sie falsch verstanden zu haben. Seit ich mich mit der Geschichte meiner Familie beschäftige, habe ich wieder angefangen, vermehrt über andere Schicksale zu lesen. Einen solchen Satz habe ich aber noch nie gehört. Ich frage nach. Nach dem »Anschluss« ging es euch besser? O ja, finanziell lief es gut, und das war wichtig, denn der Vater musste stets seine Mutter und Geschwister in Brünn unterstützen. Zu fliehen schien ihrem Vater also nicht nur unehrenhaft – schließlich war er ausgezeichneter Veteran des Ersten Weltkriegs –, sondern auch verantwortungslos. Mit den eingeschränkten Rechten mussten sie sich eben arrangieren.

*

»Es war der 19. Oktober 1938«, sagt Helga. Als sie an diesem Tag, einem Mittwoch, von der Schule nachhause kam, war der Vater nicht mehr da. Auf den Fotos, die die Geheime Staatspolizei nach seiner Verhaftung machte, sieht man ihn in Jackett mit Stecktuch, darunter ein weißes Hemd und eine gemusterte Krawatte. Die Haare sind zu einem Seitenscheitel gekämmt, im Nacken exakt geschnitten. Er sieht aus, als wäre er zu einem wichtigen Termin gekommen. Glaubte Paul, es handle sich um ein Missverständnis und er werde demnächst wieder entlassen?

Die Gestapo sperrte ihn in eine Einzelzelle im Polizeigefangenenhaus der Roßauer Kaserne, einem wuchtigen, rotbraunen Haus am Ufer des Donaukanals. Während viele Gestapo-Häftlinge gefoltert wurden und dic Haft nicht überlebten, ging es Paul vergleichsweise gut. Sichtlich setzten sich ehemalige Kollegen bei der Polizei für ihn ein, er war dort beliebt gewesen: Jeden Sonntag durfte er seiner Frau schreiben. Er erhielt liniertes Papier, das er einmal faltete, sodass das Briefchen etwa das Format einer Postkarte hatte. Mit Bleistift füllte er die schmalen Zeilen mit seiner gleichmäßigen Schrift, die ich kaum lesen kann. »Stapo-Häftling Zelle 26«, kritzelte er an den Rand. Helga hat die Korrespondenz ihrer Eltern aufbewahrt.

»Den heutigen Hochzeitstag habe ich mir anders vorgestellt«, schreibt Paul vier Tage nach seiner Verhaftung, am 23. Oktober 1938. »Du kannst Dir nicht vorstellen, was eine Karte für mich in meiner trostlosen Einsamkeit bedeutet hat, ich flehe Dich deshalb an, mir oft zu schreiben, denn nur der Gedanke an Dich kann mir noch etwas Lebenswillen geben.« Meine Urgroßmutter erfüllte seine Bitte und verfasste jede Woche mehrere Briefe und Postkarten. Einen Großteil davon lieferte sie persönlich ab, denn Hertha wurde gestattet, saubere Wäsche für ihren Mann abzugeben und das getragene Gewand nachhause zu nehmen. »Ich bin immer froh, wenn ich Deine schmutzige Wäsche in der Hand habe, obzwar es herzlich wenig ist«, schreibt sie. Mit Paul selbst zu sprechen wurde ihr nicht erlaubt.

Paul wies sie an, seine Familie in Brünn nicht über seine Verhaftung zu informieren, er wollte sie nicht beunruhigen. Sie sollte sagen, er habe einen gebrochenen Arm und könne deshalb nicht schreiben. »Was Franziska Alice betrifft«, fährt er fort, »soll sie sich nur sehr an Onkel Gustav halten, damit sie nicht plötzlich in der Situation der Tante Valerie ist, bei seinen einflussreichen reichen Verwandten könnte er vieles durchsetzen.« Franziska Alice ist niemand anderer als Hertha selbst. Der Ehemann von Tante Valerie, ein Christlichsozialer, wurde nach Dachau deportiert. Wer Onkel Gustav gewesen sein könnte, weiß Helga nicht mehr genau. »Ich bin überzeugt, dass Valeries Schicksal nicht das Franziskas werden wird«, antwortet meine Urgroßmutter einige Tage später.

»Da mich ja glücklicherweise niemand dabei auslachen kann, lese ich alle Karten unzählige Male am Tage und nachts«, gesteht ihr Paul am 5. November. »Stelle Dir vor, ich muss mir denken, jetzt geht Helga in die Schule, jetzt liegen die beiden Lockenköpfe in ihren Kinderbetten, und wer weiß, wann ich das wieder sehen werde.« Wer wusste das? Zuhause verfasste Hertha, nun auf einmal für ihre Familie verantwortlich, in ihrer sorgfältigen Handschrift Brief über Brief an Freunde, Bekannte und ehemalige Kollegen ihres Mannes und bat sie, sich für Paul einzusetzen. Verschlüsselt erzählt sie ihm davon: »Über den Zustand von Chailes ältestem Söhnchen braucht man sich, so viel steht fest, keine übertriebenen Sorgen machen. Das Kind ist stark. Die Heilung nimmt natürlich etwas Zeit in Anspruch.«

An seinen Briefen merke ich, dass Paul nun begreift, wie gefährlich das Regime auch für ihn ist. Warum ihn die Gestapo verhaftet hat, weiß er nicht, wann er wieder freigelassen wird, ebenso wenig. Ein Bekannter in Zürich, so schreibt er, soll gebeten werden, sich nach Emigrationsmöglichkeiten umzusehen. Paul ist verzweifelt, verunsichert und einsam. »Bitte verlasse mich nicht und schreib mir oft«, bettelt er. »Ich kann Dir nur versichern, dass Deine Zeilen die Achse sind, um die sich mein ganzes Leben dreht, aus denen schöpfe ich Kraft und neuen Lebensmut, wenn es mir auch sehr schwer fällt.« Die Worte »sehr schwer« hat er in Blockbuchstaben geschrieben und unterstrichen.

Die Briefe berühren mich. Zwar leuchtete meinem Urgroßvater nun ein, dass er das Land verlassen musste, eine Vorstellung davon, wozu andere Menschen fähig sein würden, hatte er aber nicht. Er klagte über Schlaflosigkeit, Nervosität und Langeweile. In den Briefen geht es oft um Wäsche. Wusste er, wie gut es ihm im Vergleich zu anderen Gestapo-Häftlingen ging? Wenigstens hast du genug zu essen, will ich meinem Urgroßvater zurufen, und niemand schlägt dich. Natürlich bin ich ungerecht, ich habe einen Wissensvorsprung. Und egal wie erträglich die Haftbedingungen sind – Paul sitzt zu Unrecht im Gefängnis, ohne Aussicht auf ein Verfahren oder eine Entlassung.

Zudem ist er vermutlich von Nachrichten über aktuelle Ereignisse abgeschnitten. Aus der Korrespondenz meiner Urgroßeltern wird etwa nicht ersichtlich, ob Paul von der Pogromnacht am 9. November 1938 erfuhr. Die Andeutungen meiner Urgroßmutter Hertha in ihren Briefen verstehe ich erst, als Helga mich darauf hinweist: »Von unseren Freunden habe ich in den letzten Tagen nicht viel gesehen, alle halten sich möglichst zuhause auf. Helga habe ich seit Mittwoch nicht in die Schule geschickt, das Kind ist so gerne zuhause«, schrieb Hertha zwei Tage nach den Pogromen, die an einem Mittwoch stattfanden. Helga würde weiterhin fleißig Klavier üben. Paul fragte in seiner Antwort nicht nach, warum seine ältere Tochter, die sonst leidenschaftlich gerne in die Schule ging, nun auf einmal ihre Vorliebe geändert hatte. Ahnte er, dass Helga aus Furcht vor weiteren Ausschreitungen zuhause blieb? Erst am folgenden Wochenende, am 20. November, bemerkte Paul, dass er Herthas »sonstigen

Optimismus« vermisse. In ihrer Antwort versicherte sie ihm, es hätte nichts mit seiner Situation zu tun: »Die allgemeine schlechte Stimmung unter Freunden und Verwandten hatte auch über mich Macht bekommen.«

»Geliebte gute Frau! Ich fahre morgen weg, ich bin sehr mutig und tapfer, sei Du es auch und sei stark. Auf Wiedersehen und küsse alle, Dein treuer Paul.« Die Worte »ich bin sehr mutig und tapfer« hat er unterstrichen. Die Postkarte erreichte meine Urgroßmutter am 3. Dezember 1938. Es war geschehen, was sie lange befürchtet hatten: Paul wurde in ein Konzentrationslager verschleppt. Nach Buchenwald, dem Lager nahe der deutschen Stadt Weimar, deportierten die Nazis eine Zeitlang deutsche und österreichische Juden, um sie zur Emigration zu zwingen. Wer Einreisepapiere für einen anderen Staat und die Zustimmung von Gestapo und Reichssicherheitshauptamt hatte, durfte wieder hinaus.

Wieder setzte sich Hertha hin und schrieb an alle möglichen Menschen, die vielleicht helfen könnten. Der Brief eines Bekannten gelangte bis zum preußischen Feldmarschall August von Mackensen, ein anderer ging direkt an die Gestapo in Berlin; beigelegt waren Dankschreiben »arischer Persönlichkeiten«, die sich wohlwollend über Paul äußerten, darunter auch vom Dienstmädchen Minna, das sie mittlerweile entlassen mussten. Auch Herthas Korrespondenz mit verschiedenen Konsulaten in Wien hat meine Großmutter aufbewahrt: Hertha sprach erfolglos bei der britischen und amerikanischen Botschaft vor. Die chinesische Botschaft bestätigte schließlich, dass die Familie nach Shanghai einreisen durfte. Paul würde demnächst freigelassen werden, hieß es kurz darauf.

Hertha löste Pauls Sparbuch und seine Lebensversicherung auf und erwarb eine Schiffskarte für ihren Mann. Die Töchter und sie würden nachkommen, sie waren ja nicht unmittelbar in

Gefahr, und man hörte immer wieder, dass jüdische Inhaftierte in Buchenwald besonders schikaniert wurden. Dann kam Paul doch nicht frei, warum, blieb unerklärt. Hertha gab die Karte zurück, zahlte die Stornogebühren und verkaufte den Perserteppich weit unter seinem Wert. Es gab ein Überangebot an Einrichtungsgegenständen, die verzweifelte Juden verkaufen wollten. Dann besorgte sie ein neues Ticket. Pauls Freilassung verzögerte sich erneut, den Grund erfuhr die Familie nicht. Wieder retournierte Hertha die Karte, ließ den Diamanten auf ihrem Ehering durch einen weniger teuren Stein ersetzen. Die Mittel reichten gerade für eine Schiffskarte. Hertha gab das Klavier zurück, auf dem Helga geübt hatte, sie konnte die Raten nicht mehr abbezahlen.

Als ich von Helga wissen will, wie sie diese Zeit erlebte, die Haft des Vaters, die Ausreisebemühungen, erwähnt sie die gedrückte Stimmung zuhause. Die Angst der Mutter, die zunehmende Verarmung. Oft war das Geld weit vor dem Monatsende aufgebraucht. Hertha ging dann ins Dorotheum, das Versatzamt, und verpfändete die wenigen Silbergegenstände, die sie aufbewahrt hatte. Der Kleinkredit half ihr, bis die Pension des Vaters, die die Familie weiter bezog, einige Tage später einlangte – dann löste sie das Silber wieder aus.

Am 10. Juni 1939 wurde Paul entlassen. Zwei Tage durfte er in Wien bleiben, bevor er nach Genua weiterreiste, von wo das Schiff abfuhr. Ihren Vater hatte die zehnjährige Helga seit neun Monaten nicht gesehen. Er hatte sich verändert. Sein Gesicht war ausgemergelt, man hatte ihm in Buchenwald die Vorderzähne ausgeschlagen, den Schädel kahlrasiert. Er zitterte, war nervös und voller Angst. Als ihm auf dem Weg zum Bahnhof ein Windstoß den Hut vom Kopf wehte, lief er ihm weinend nach.

Mit solchen Episoden hält Helga sich nicht lang auf. Lieber

spricht sie über die Menschen, die ihnen während dieser Zeit halfen. Vor allem der Großvater spielte nun wieder eine größere Rolle in ihrem Leben. Herthas Vater, der pensionierte Offizier der k.u.k. Armee, hatte den Großteil des Jahres in seinem Haus in Lussinpiccolo auf der heute kroatischen Insel Lošinj verbracht. Einmal, im Alter von fünf oder sechs Jahren, war Helga sogar gemeinsam mit ihrer Mutter dort zu Besuch gewesen. In einem Terrarium in seinem Garten hielt der Großvater ein Reptil, Helga beschreibt es als »kleinen Alligator«. Einige Monate nach dem »Anschluss« gab der Oberstleutnant sein Sommerhaus auf und kehrte gemeinsam mit seiner zweiten Frau Gabriela, die alle Ella nannten, nach Wien zurück. Um seine Tochter, die auf sich allein gestellt war, zu unterstützen? Weil es zu teuer wurde, zwei Haushalte zu führen? Aus politischen Gründen? »Ich weiß es nicht«, sagt Helga. Der Großvater sprach bei seinen ehemaligen Kameraden vor, von denen einige zu höheren Nazi-Kreisen gehörten, und unterstützte die Familie mit etwas Geld und Nahrungsmitteln.

Es gab auch noch andere Menschen, die zu ihnen standen: Ellas Bruder, der sich als SA-Mann für sie einsetzte, das ehemalige Dienstmädchen Minna, das sie weiterhin besuchen kam, deren Ehemann, ebenfalls Parteimitglied und gleichzeitig loyal der Familie gegenüber, ein ehemaliger Kollege von Helgas Vater, ein tschechischer Verwandter – die Liste lässt sich fortsetzen. Die seien alle wichtig, sagt Helga. »Der gehört unbedingt rein«, höre ich oft. Ich nicke, kann kaum den Überblick behalten. Ich schreibe kein Telefonbuch, denke ich und komme mir dabei respektlos vor. Natürlich waren diese Menschen wichtig. Sie gaben Helga das Gefühl, dass ihre Welt noch halbwegs in Ordnung war.

Mitte Juni 1939 erreichten Helgas Familie Neuigkeiten aus Genua. Paul hatte festgestellt, dass sie betrogen worden waren.

Das Schiff gab es nicht. Eingereist war er mit einem sechsmonatigen Touristenvisum; eine längere Aufenthaltsbewilligung erhielten ausländische Juden in Italien nicht. Ebenso wenig konnten ihn die Behörden in das Deutsche Reich abschieben, weil er dort nicht aufgenommen worden wäre. Er saß fest.

»NUR FÜR ARIER«

Bis zum Jahr 1938 lebte Hansis Familie vom Möbelgeschäft in der Margaretenstraße im fünften Bezirk. Es bestand aus einem Gassenlokal und einer kleinen Werkstatt, in der es nach Lack und Leim roch. Vor dem Geschäft parkte der Lieferwagen mit Kutschbock und Pferd. Moritz, Hansis Vater, führte das Geschäft. Die Arbeit machte ihm Spaß, obwohl der Betrieb in den Jahren nach der Weltwirtschaftskrise mehr schlecht als recht lief. Jeder Verkauf barg ein Risiko, weil die Kunden fast ausschließlich in Raten bezahlten. Diese einzutreiben war mühsam. Zur Zeit des »Anschlusses« waren die Ersparnisse der Familie beinahe aufgebraucht, Kindermädchen und Köchin, die man sich eine Zeitlang hatte leisten können, längst entlassen.

Am 13. April 1938 trat ein Gesetz in Kraft, das dem Reichsstatthalter, der von den Nazis zum Zweck der Gleichschaltung eingesetzt worden war, erlaubte, sogenannte kommissarische Verwalter für jüdische Betriebe zu bestellen. Deren Aufgabe war es, die Enteignung zu regeln. Der Mann, der für Moritz' Möbelgeschäft eingeteilt wurde, machte sich nun daran, bei den Kunden die ausstehenden Ratenzahlungen einzutreiben. Ob er dank seiner SA-Uniform die großteils nichtjüdische Kundschaft verschreckte oder beeindruckte, bleibt offen, jedenfalls hatte er innerhalb weniger Monate die Schulden kassiert. Für neue Ware fehlte das Geld, da die Einnahmen als Lohn an ihn flossen. Im Herbst schloss das Geschäft. Entschädigung gab es keine. Hansis Bericht endet lakonisch: »Ich kann mich an die

Erleichterung meines Vaters erinnern, der nun den täglichen Umgang mit diesem parasitären Nazibonzen los war.«

Heute existieren keine Spuren mehr des Möbelgeschäfts. Das Haus, in dem es sich befand, steht nicht mehr; im Gassenlokal des blau gestrichenen Neubaus befindet sich jetzt eine Pizzeria. Seltsam, dass es keine Fotos gibt, denke ich, wo doch mein Urgroßvater gerne fotografierte. Die sogenannten Arisierungsakten, in denen der Verwalter die Geschäftsauflösung dokumentierte, sind im Österreichischen Staatsarchiv nicht auffindbar. Schade. Gerne hätte ich erfahren, wie der kommissarische Verwalter hieß, wo er wohnte, ob er sich Notizen über das Verhalten des jüdischen Inhabers, meines Urgroßvaters, machte.

Doch dann schickt mir die Historikerin, die mir zuvor dabei geholfen hat, einen Überblick zu bekommen, was ich in welchem Archiv suchen kann, ihren Fund: die Arisierungsakten vom Möbelgeschäft von Hansis Tante Sophie und ihrem Mann in der Seidlgasse. Ich scrolle durch die Scans. Es sind Seiten über Seiten mit Listen von ausstehenden Zahlungen, einzutreibenden Schulden, Inventaren. Dazwischen die Korrespondenz des kommissarischen Verwalters mit seinen Vorgesetzten, der »Staatskommissar in der Privatwirtschaft – Prüfstelle für kommissarische Verwalter«. Im April 1938 hatte der kommissarische Verwalter das Geschäft übernommen, im Dezember wurde es zugesperrt.

Die Dokumente sind brutal nüchtern. »Am Tag vor der Einsetzung des kommissarischen Verwalters hat sich der Inhaber entleibt«, steht in einem »Tätigkeitsbericht«. »Da der von mir festgestellte Status infolge von Steuerrückständen, Wechselschiebereien usw. passiv war, kam eine Arisierung nicht in Frage, sondern musste die Liquidierung desselben vorbereiten.« Stolz berichtet der Verwalter weiter, er habe das Warenlager günstig verkauft und darüber hinaus die Gestapo erfolgreich gebeten, einem »jüdischen Wucherer« bereits ausgestellte Wechsel wieder abzunehmen, sodass der Verwalter schließlich einen Aktiv-Saldo von 6847,14 Reichsmark erzielen konnte. Die Hinterbliebenen des Inhabers, also Hansis Tante Sophie sowie ihre Tochter, bekamen 323,33 Reichsmark. Diese wurden ihnen aus ihrem eigenen Vermögen ausbezahlt, um das Begräbnis und ihren Lebensunterhalt zu finanzieren.

Nun bin ich doch froh, dass die Akten des Geschäfts meiner Urgroßeltern nicht mehr existieren. Diese Dokumente finde ich bedrückender als die Transportlisten, Todesurkunden und Briefe, die ich gefunden habe. Bei denen mag zwar die Nähe zu Tod und Verzweiflung eine größere sein, aber sie geben kaum Aufschluss über die Täterperspektive. Die Arisierungsakten hingegen bringen mich dem Täter nahe, sehr nahe. Sie zeigen mir ein Rädchen im großen System der Vernichtung. Ich sehe, wie ernst der Verwalter seine Aufgabe nahm. Ein halbes Jahr lang fertigte er sorgfältig Listen an, durchforstete Warenlager, schrieb Briefe, errechnete Bilanzen. Damit hat dieser Mensch meine Familie zerstört, und ich kann das heute nachlesen.

Nach der Enteignung des Möbelgeschäfts verdiente mein Urgroßvater Moritz etwas damit, bei Wohnungsauflösungen von geflohenen oder enteigneten Juden den Zustand und den Wert von Möbeln zu bestimmen. Außerdem verkaufte er nach und nach das, was der Familie an Besitz übrig geblieben war. Vermutlich zählte auch sein Fotoapparat dazu, denn ich finde keine Familienfotos aus der Zeit nach dem »Anschluss«.

Das letzte Foto von seinen beiden Söhnen stammt von 1937. Beide tragen kurze, dunkle Hosen und weiße Hemden; Herbert hat ein helles Sakko an. Sie sind fast gleich groß und haben einen Arm um die Schultern des anderen gelegt. Im Hintergrund erkenne ich eine Brücke, vielleicht stehen sie beim Donaukanal. Herbert, rund neun Jahre alt, lächelt. Ein wenig wirkt es, als würde er das Gesicht verziehen, vielleicht blendet ihn die Sonne. Hansi, damals etwa zwölf, scheint davon unbeirrt. Wie auf fast allen Fotos blickt er nicht direkt in die Kamera, sondern hat den Kopf zur Seite geneigt und schaut aus den Augenwinkeln, als würde er jemanden heimlich beobachten oder sichergehen wollen, bei einer Missetat nicht entdeckt zu werden.

Auf dem Foto glaube ich zu erkennen, wie unterschiedlich die Brüder waren: Hansi, der Rabauke, Herbert, der Intellektuelle. Hansi machte es Spaß, aus der Reihe zu tanzen, Herbert passte sich leicht an. Hansi brach in Parks ein, verweigerte Lehrern den Gehorsam und schlich sich aus dem elterlichen Haus, wann es ihm gefiel. Herbert war folgsam, las Bücher und zeichnete gerne. Einige seiner Arbeiten haben sich erhalten: Landschaften, Schlösser, Porträts, kleine, sorgfältige Striche mit Bleistift und Tinte. Die Details, der Stock des Hirten, die Katzenpfoten, der Wasserspeier, sehen echt aus. Gleichzeitig hat er ein Auge für Komposition, weiß, wann er Flächen freilässt, wann er Formen nur andeutet.

Auch ihre Schulerfolge zeigen die Unterschiede: Hansi schloss die achte Schulstufe im Frühsommer 1939 mit vier »nicht genügend« ab, in Herberts Zeugnis von der siebenten Schulstufe im Mai 1942 glänzt eine Reihe von »sehr gut«, nur in Hebräisch hat er ein »gut«.

Ausgestellt wurde das Zeugnis vom Waisenhaus für jüdische Knaben in der Grünentorgasse im neunten Bezirk. Bei weitem nicht alle Kinder und Jugendlichen, die dort betreut wurden, waren Waisen. Herbert, der im Jänner 1942 vierzehn Jahre alt wurde, besuchte den Unterricht, weil sein Vater Moritz dort als Erzieher arbeitete. Nachdem das Möbelgeschäft geschlossen worden war, hatte Moritz in einem Umschulungskurs der Kultusgemeinde das Gärtnern erlernt. Im September 1939 stellte die Gemeinde Moritz als Hausgehilfe in einem Waisenhaus für

Herbert und Hansi, 1937

jüdische Kinder in der Bauernfeldgasse ein. Ob er dort tatsächlich als Gärtner arbeitete? Einige Monate später, im Februar 1940, wurde er dort als Hilfserzieher angeführt. Als die NS-Behörden das Waisenhaus im November 1940 schlossen, übersiedelten die verbliebenen Waisen in das ehemalige jüdische Lehrlingsheim in der Grünentorgasse.

Hansi hat das letzte Schulzeugnis seines Bruders aufbewahrt, die eigenen Schulsachen nicht. Während ich Herberts Zeugnis studiere, erinnere ich mich an jenen Tag im Februar 1996, als ich mein erstes Schulzeugnis bekam. Links die Spalte mit den Fächern, rechts hatte die Lehrerin über die gesamte Länge zwei Wörter geschrieben: »sehr gut«. Dass ich meinen Großvater, den ich als eine Art Familienoberhaupt sah, unverzüglich über dieses Ereignis informieren musste, stand außer Frage. Anzutreffen war er damals meist in seinem Schlafzimmer. Einen Monat zuvor war Krebs bei ihm diagnostiziert und der Tumor entfernt worden. Gegen die Metastasen, die sich in seinem Körper verbreitet hatten, waren die Ärzte machtlos. In seinen letzten Lebensmonaten wurde Hansis Schlafzimmer zu unserem Versammlungsraum. Wann immer man anklopfte und eintrat, so schien es mir, war schon jemand dort, saß am Fußende des Doppelbetts oder auf einem der schwarzen Stühle mit den hellblauen Polstern, die nach und nach aus dem Esszimmer meiner Großeltern hierher gewandert waren.

Hansi studierte das Zeugnis, als wäre es ein wichtiges Dokument, und lobte mich ausgiebig. Dann drückte er mir Geldscheine in die Hand. Ich weiß noch, dass meine Mutter protestierte, er sei ein »Lump« und betreibe inflationäre Belohnungspraktiken. Einhundert deutsche Mark hatte mir Hansi in die Hand gedrückt. So viel Geld hatte ich vorher nie besessen. Mein Vater lebte zu dieser Zeit in München, wo meine Mutter und ich die Wochenenden verbrachten. Bei unserem nächsten Besuch kauften wir mit der Belohnung den neuen, silbernen Gameboy samt Super-Mario-Spiel und eine Baby-Born-Puppe, damals die größten Attraktionen, die der Spielzeugmarkt zu bieten hatte.

Mir war bewusst, dass diese Belohnung unverhältnismäßig großzügig ausfiel, warum Hansi das tat, verstand ich allerdings nicht. Damals war ich davon überzeugt, er werde sich von dieser Krankheit wieder erholen. Er wusste es besser. Die Belohnung war ein Vorschuss für alle Zeugnisse, die ich noch bekommen sollte. Und jetzt, als ich das Zeugnis von Hansis kleinem Bruder in der Hand halte, erkenne ich einen weiteren Grund seiner Großzügigkeit: Ich erinnerte ihn an Herbert.

*

Nach den Ausschreitungen gegen Juden unmittelbar nach dem Einmarsch im März 1938 – die sogar den *Völkischen Beobachter* dazu veranlassten, die Österreicher zu ermahnen, ihren »überschäumenden Radikalismus einzudämmen« – verlief der Sommer in Wien ruhiger. Dann, am 7. November, das Attentat von Herschel Grynszpan auf den deutschen Diplomaten Ernst vom Rath in Paris. Für das Regime ein Vorwand für eine »Racheaktion« gegen Juden im gesamten Reich. In der Nacht vom 9. auf den 10. November wurden allein in Wien 42 Synagogen und Gebetshäuser zerstört, 96 verwüstet und zahlreiche jüdische Geschäfte geplündert.

Anderthalb Seiten schrieb Hansi über jene Nacht, sie tragen den Titel »Vater«. Zunächst erzählt er allerdings von einer Begegnung mit einem Bekannten, der sich darüber ärgerte, »dass sich die europäischen Juden ohne Gegenwehr hinschlachten ließen«. Diesen Vorwurf hält Hansi für verfehlt: Wann wäre es möglich gewesen, dagegenzuhalten? Hansi ist es wichtig, das Verhalten seines Vaters zu erklären. »Er war in seiner Grundstruktur kein feiger Mensch«, schreibt er über Moritz, der im Ersten Weltkrieg an der Front mehrfach verwundet worden war.

Laut Hansis Erinnerung war Moritz ein guter Vater. Er habe sich immer vernünftig verhalten, schreibt Hansi, auch in jener Novembernacht: »Als wir alle in der ›Reichskristallnacht‹ mit vorgehaltener Pistole von SA-Männern und Pöbel mitten in der Nacht aus den Betten geholt wurden und ein SA-Mann die am Nachtkästchen liegende Taschenuhr und den Ehering meines Vaters vor unseren Augen einfach einsteckte, war sicher keine Situation für eine Heldentat gegeben. Es wäre auch sinnlos gewesen, hätte meine Mutter versucht, die mit in die Wohnung eingedrungenen Weiber zu hindern, die Bettwäsche aus dem Kasten zu stehlen.« Einem Kind, schreibt Hansi, hält ein Uniformierter die Pistole an den Kopf und fordert Schmuck, Geld und Wertgegenstände. Die Eltern gehorchen. Mein Großvater schreibt nicht, ob das Kind er selbst oder sein Bruder Herbert war.

Dann führen die Uniformierten Hansis Vater ab. »Was geschieht mit ihm?«, fragt die Mutter. »Der wird jetzt erschossen.« Moritz kommt in einen sogenannten Notarrest. Mehr als 6500 jüdische Menschen, die meisten davon Männer, werden in dieser Nacht verhaftet und schwer misshandelt, die meisten später nach Dachau deportiert. Moritz hat Glück. Das Kellerlokal, in das er gesperrt werden soll, bewacht ein ehemaliger Frontkamerad. Er lässt ihn entkommen. Vielleicht schob der Frontkamerad Moritz in dem Getümmel zur Seite, vielleicht überzeugte er die SS-Männer, Moritz sei gar kein Jude. Hansi erwähnt die Tatsache, dass sein Vater der Verhaftung knapp entkam, so knapp und lakonisch, dass ich mich frage, ob er überhaupt wusste, was dort geschehen war.

Das Novemberpogrom wird von vielen Überlebenden als Wendepunkt beschrieben, an dem sie begriffen, wie brutal das

Regime gegen Juden vorging. Auch dem damals dreizehnjährigen Hansi muss das bewusst geworden sein. Mich verwundert es zunächst, dass er ausgerechnet im Zusammenhang mit der Pogromnacht das Bedürfnis hat, das Verhalten seines Vaters zu rechtfertigen. »Für ›heroische‹ Taten müssen die äußeren Voraussetzungen gegeben sein«, schreibt Hansi und erzählt von Moritz' Kriegsauszeichnungen und vom Aufstand im Warschauer Getto, bei dem es eine »Schicksalsgemeinschaft« von Menschen gegeben habe, die miteinander kämpften. Doch seinen Eltern fehlten am 9. November 1938 die Voraussetzungen für Heldentaten, weil sie ihre Söhne beschützen wollten. So erlebte er sie zum ersten Mal vollkommen wehrlos.

*

Im Frühsommer 1939 schloss Hansi die vierte Klasse Hauptschule ab; für das letzte Schuljahr war er in eine jüdische Schule transferiert worden. Als Jude war es ihm untersagt, länger als die Pflichtjahre die Schule zu besuchen, was allerdings auch unter normalen Bedingungen schwer gewesen wäre, weil er aufgrund seiner vielen negativen Noten nicht in eine höhere Klasse hätte aufsteigen dürfen. »Niemand hat sich um diesen katastrophalen Schulabschluss gekümmert«, schreibt er. Früher so besorgt über seine Unfolgsamkeit, hatten die Eltern längst aufgegeben, ihn zu maßregeln. »Alle waren froh, wenn am Abend wieder alle unbeschädigt zuhause versammelt waren.« Sie hatten andere Sorgen. Mein Großvater war erleichtert, die Schule hinter sich zu haben: »Wenn man nicht mehr in die Schule gehen darf, dann brauchte man auch nichts mehr zu lernen und musste sich nicht wegen der nächsten Schularbeit anstrengen und den Kopf zerbrechen«, schreibt er. »Alle diese Maßnahmen der Ausgliederung waren für einen Schüler mit schlechtem Schulfortgang keine Schrecken, sondern wurden eher als

Erleichterung in der nicht vorhandenen Zukunftsplanung aufgefasst.« Als Jude durfte Hansi sowieso nicht studieren. Dass er sich Arbeit suchte, war nur vernünftig, weil das Erziehergehalt seines Vaters nicht einmal für die notwendigsten Nahrungsmittel reichte. Zumal die Schule gefährlich geworden war. Es hatte nachmittags oft Prügeleien mit Hitlerjungen gegeben, die mit Gummiknüppeln auf die jüdischen Schüler eindroschen. Hansi hatte sich stets mit Eifer verteidigt.

Hansi meldete sich beim Arbeitsamt. Da im gesamten Deutschen Reich die Arbeitskräfte knapp waren, bekam er schnell eine Stelle bei einer Straßenbaufirma; als Jude, wie das Gesetz vorsah, nur als Hilfsarbeiter auf der untersten Lohnstufe. Für die Arbeit war er ungeeignet: »Es gab damals noch keine Schubkarren mit kugelgelagerten Gummirädern, sondern nur hölzerne Scheibtruhen mit eisenbeschlagenen Holzrädern. Dieses Ding war so schwer, dass ich es, wenn es mit Pflastersteinen beladen war, kaum bewegen konnte. Diese Scheibtruhen in nasser Erde zu führen war für kräftige Männer anstrengend und für vierzehn- bis fünfzehnjährige Buben nahezu unmöglich. Die Firma hat dies offenbar eingesehen und mich prompt wieder entlassen.«

Kurz danach stellte ihn ein Landmaschinenhersteller im 21. Bezirk an, der auf eigene Initiative hin seine jüdischen Arbeiter mit einer gelben Armbinde versah. »Der Kontakt zu den christlichen Arbeitern war sehr unterschiedlich. Ich erinnere mich, einmal völlig unerwartet von einem Arbeiter eine fürchterliche Watschen bekommen zu haben, wobei mir offenbar das Trommelfell platzte, da ich tagelang schlechter hörte. Es kam jedoch auch vor, dass mir Arbeiter Obst brachten, welches für Juden damals schon nicht mehr erhältlich war.« Zwölf Reichsmark verdiente Hansi in der Woche. Eine Mark behielt er für sich, womit er sich zwei Kinobesuche leisten konnte. Fünfzig

Pfennig benötigte er für die Wochenkarte der Straßenbahn. Die restlichen zehn Mark fünfzig gab er seiner Mutter.

Die Holzbearbeitungsmaschinen waren laut, die Zeit verging schleppend, weshalb Hansi erleichtert war, als nach einem Brand einige Monate später alle jüdischen Arbeiter gekündigt wurden.

Schreibt Hansi über seine diversen Unternehmungen, klingt er stolz: »Meine Betriebsamkeit und Wendigkeit hat mich zu den verschiedensten Beschäftigungen geführt. So war ich monatelang Zulieferer von frisch gewaschener Bettwäsche einer Wäscherei auf der Weißgerberlände. Ich fuhr mit einem Dreirad, welches vorne ein Plateau für einen Wäschekorb hatte, die Wäsche ausliefern. Den Korb mit der Wäsche, der meist viel zu schwer für mich zum Heben war, zerrte ich über die Stufen in die Stockwerke. Ich hatte eine kleine Stundenentlohnung und auch Trinkgelder in sehr unterschiedlicher Höhe. Natürlich war es der Wäschereibesitzerin verboten, Juden offiziell anzustellen. Nach zirka einem halben Jahr verließ sie dann auch ihr Mut, und ich musste mich nach einem neuen Job umsehen.«

»Wir jüdische Jugendliche haben diese Zeit als konstant gefährliches Abenteuer erlebt«, schreibt Hansi über die Jahre nach dem »Anschluss«. Die vielen Verbote erschwerten das tägliche Leben. Juden waren fast nirgends mehr erwünscht, nicht in Parks, Kinos, Ausstellungen, Theatern und Kaffeehäusern. Sie durften keine Autos fahren, keine Radios und Telefonanschlüsse besitzen. Ab Kriegsbeginn im September 1939 galt ein Ausgangsverbot während der Nachtstunden, elektrische Geräte und Wollsachen mussten abgegeben werden. Ab September 1941 mussten Juden ab sieben Jahren den gelben Stern gut sichtbar auf der Kleidung tragen, wenn sie die Wohnung verließen.

Für ihn, so schreibt Hansi, war das alles halb so schlimm. Na, dann saß er eben nicht auf einer Parkbank mit der Aufschrift

»Nur für Arier«. Er war in der ganzen Stadt unterwegs, und in Gegenden, wo ihn niemand kannte, ging er ohne »Judenstern« ins Kino. Den hatte er auf eine Sakkotasche genäht, die mit Sicherheitsnadeln an der Kleidung befestigt war. Dieser Trick war gängig – und gefährlich. Sollte ihn jemand anzeigen, drohte Verhaftung durch die Gestapo und in Folge die Deportation. Wohin? Im Februar 1941 hatte man begonnen, Wiener Juden in Gettos in den besetzten polnischen Gebieten »umzusiedeln«. Die Lebensbedingungen waren schlecht, hörte man. Ende des Jahres verließen zehn Transporte Wien in Richtung Minsk. Das Leben von neuntausend österreichischen Juden endete in einem Kiefernwald südöstlich der weißrussischen Stadt, nahe des Gutes Maly Trostinec.

Wie viele andere konnte sich Hansi nicht vorstellen, dass Verhaftung und Deportation den Tod bedeutete. Vielleicht schien ihm deshalb die Gefahr, erwischt zu werden, als wenig beunruhigend. Wahrscheinlich genoss er den Nervenkitzel, die Herausforderung, sich anzupassen, aufmerksam und wendig zu sein. Den gefährlichen Alltag als Abenteuer zu sehen könnte ein Schutzmechanismus gewesen sein. Oder nahm Hansi diese Zeit im Rückblick verzerrt wahr? Ich frage mich, ob er sich in seinen Aufzeichnungen stärker machte, als er sich damals fühlte. Er schrieb seine Erlebnisse für seine Kinder auf. Wollte er sie damit beruhigen?

Mit einigen nichtjüdischen Freunden aus der Schulzeit war Hansi in Kontakt geblieben, trotz des zweimaligen Umzugs seit 1939. So ergab sich auch die Gelegenheit für ein reizvolles Tauschgeschäft: Hansis Karl-May-Bücher gegen Teile einer HJ-Uniform. Mit der Kniebundhose aus schwarzem Kord und dem Gürtel mit dem wuchtigen Koppelschloss, Gravur »Blut und Ehre«, ging er auf der Straße. Und wieder hatte er Glück. Hansi berichtet von einer einzigen unangenehmen Begegnung: Ein

Mann mittleren Alters blickte ihn mit strengem Blick an und ging grußlos an ihm vorbei, den gelben Stern sichtbar auf der Jacke. Es war sein Vater.

Der Lebensraum für Juden in Wien wurde immer enger. Seit dem Kriegsbeginn waren Nahrungsmittel und Versorgungsgüter im gesamten Deutschen Reich rationiert worden, Juden erhielten ihre mit einem J versehenen Karten jedoch an separaten Stellen. Die Rationen waren kleiner und durften nur in speziellen »Judengeschäften« eingelöst werden. In der Glockengasse im zweiten Wiener Bezirk befanden sich zwei solche Geschäfte, eines für Lebensmittel und eines für Milch. Hier, im Lebensmittelgeschäft, fand Hansi eine geregelte Arbeit: »Ich ging zu dem Besitzer und bot meine Dienste an. Bald wurde ich von einem sporadisch beschäftigten Helfer zu einem richtig mit Arbeitsbuch fix angestellten Verkäufer. Ich muss damals etwa 16 Jahre alt gewesen sein. Es war dies für meine Familie eine große Hilfe. Erstens fiel dort immer etwas ab, und zweitens mussten sie sich nicht stundenlang in Schlangen vor dem Geschäft anstellen, um zu den ihnen zugeteilten Lebensmitteln zu kommen.«

Es ist möglich, dass sich die Wege meiner Großeltern zum ersten Mal in der Glockengasse kreuzten. Auch Helga erinnert sich an die beiden Geschäfte, die Menschenschlangen davor, das stundenlange Warten an der Hand der Mutter, die Schwester im Kinderwagen, und die kargen Rationen, die sie nachhause trugen. Sie erinnert sich aber nicht an den jungen Mann, der sie möglicherweise bediente.

Aus Hansi unbekannten Gründen wurde das Lebensmittelgeschäft geschlossen, und er verlor seine Anstellung. Also fragte er beim Milchgeschäft vis-à-vis, ob er helfen könne. Und wie! »Die Besitzerin, eine verdiente illegale Parteigenossin, war mit diesem Geschäft belohnt worden. Sie muss eine einfache Arbeiterin gewesen sein und hat sicher niemals vorher ein Geschäft geführt. Sie war durch die notwendige Abrechnung mit der zuständigen Abrechnungsstelle für Lebensmittelkarten vollkommen überfordert, sodass dieser Teil der Arbeit ganz an mich fiel und sie selbst die körperlich schwere Arbeit mit den Milchkannen und den Ausschank der Milch mittels kleiner Maßgefäße verrichtete. Ich saß tagelang hinten im Büro und klebte Milchkartenabschnitte auf große Packpapierbögen, um dann allmonatlich mit der Kartenstelle abzurechnen.« Das muss Anfang des Jahres 1942 gewesen sein, schreibt Hansi, denn die Zahl der Juden in Wien wurde immer kleiner. So gab es auch im Geschäft immer weniger zu tun, bis es letztlich zusperren musste.

LETZTE HOFFNUNG SHANGHAI

Als ich Helga frage, wo sie in den Kriegsjahren wohnte, zählt sie ohne Zögern sechs Adressen auf, komplett mit Haus- und Türnummer und Mitbewohnern. Jede Wohnung, sagt sie, war schäbiger und beengter als die davor. Im April 1939 wurde Juden der Mieterschutz entzogen. Kurz nachdem der Vater nach Italien geflohen war, musste die Familie die geräumige Wohnung in der Margaretenstraße verlassen. Das Wohnungsamt wies ihnen ein Zimmer in der Löwengasse im dritten Bezirk zu, nebenan lebte ein älteres jüdisches Ehepaar.

In einem von Helgas Aktenordnern, der von Briefen und Zeugnissen überquillt, finde ich eine Rechnung eines Transportunternehmens, ausgestellt am 20. Juni 1942. Helga übersiedelte gemeinsam mit ihrer Mutter und Schwester von der Zelinkagasse im ersten Bezirk, wo sie ein düsteres Durchgangszimmer bewohnt hatten, in eine überfüllte Wohnung in der Großen Sperlgasse jenseits des Donaukanals. Für den Umzug zahlte die Mutter 161 Reichsmark, den Monatslohn eines Arbeiters. Die Umzüge zermürbten nicht nur finanziell ...; das Zusammenleben auf engstem Raum war psychisch aufreibend. Küche, Badezimmer und Toilette waren beinahe immer besetzt; Helgas Mutter bereitete Mahlzeiten auf einer kleinen Herdplatte im Schlafzimmer zu. Zudem kamen sich Menschen mit unterschiedlichen Gewohnheiten in die Quere. Helga erinnert sich an ein Bauernehepaar aus dem Burgenland, das nebenan lebte und um fünf Uhr morgens aufzustehen pflegte. Die Kultusgemeinde richtete eine Schlichtungsstelle für »Rechtsfälle des täglichen Lebens« ein, die nach mehreren Monaten dreitausend Verhandlungen verzeichnete.

Die Umsiedlung in solche Sammelwohnungen, die sich nach und nach auf einzelne Straßenzüge und Häuserblocks konzentrierten, war Teil des Vernichtungsprozesses. Die Wiener Juden verschwanden aus der Umgebung, in der man sie gekannt hatte. Wie diese Lebensbedingungen Hansi und Helga prägten, bemerke ich jedes Mal, wenn ich in ihre Wohnung komme: Nach ihrem Bezug Anfang der sechziger Jahre errichteten sie nach und nach vier Toiletten für sechs Personen.

Die Wohnung meiner Großeltern ist großzügig und verwinkelt. Hansi machte die Umbauten oft selbst, verwandelte die morsche Veranda in ein Esszimmer und richtete sich einen Werkzeugkeller ein, in dem es nach Lack roch und ich immer aufpassen musste, mir an den groben, dunklen Holzplatten keine Schiefer einzuziehen. Manchmal, wenn ich mich unbeobachtet glaubte, schlug ich einen Nagel in die Tischplatte. Das Holz war weich, es benötigte wenig Anstrengung, um ihn darin zu versenken. War Hansi währenddessen am Arbeiten, tat er, als bemerkte er meine Verschönerungsmaßnahme nicht, und ließ mich gewähren.

Heute sind Erinnerungsstücke an verschiedenen Stellen der Wohnung verteilt: im Schrank von Hansis ehemaligem Arbeitszimmer, wo jetzt Helgas Computer steht, an dem sie ihre Gedächtnisübungen macht, oder in einem Fach des dunkelbraunen Verbaus im Wohnzimmer, wo die medizinischen Fachbücher aufgereiht sind. Im Schrank im Arbeitszimmer finde ich alte Akten, in der Lade einer Vitrine Fotos, in einem Sekretär Briefe. Helga lässt mich wühlen und hofft, dass ich die Dinge endlich ordnen würde. Natürlich verspreche ich ihr das, aber nicht jetzt, das nächste Mal, okay?

Ich finde Dokumente und lese nun nach, wie Helgas Mutter, meine Urgroßmutter Hertha, verzweifelt weiter versuchte, die Familie außer Landes zu bringen. Mein Urgroßvater, der nach der missglückten Flucht nach Shanghai in Italien festsaß, hatte sich in Mailand niedergelassen, Italienisch gelernt und trotz des Arbeitsverbots für Juden als Arzt etwas Geld verdient. Als Italien im Juni 1940 auf der Seite Deutschlands in den Krieg eintrat, wurde er gemeinsam mit Tausenden anderen jüdischen Männern ohne italienische Staatsbürgerschaft als »feindlicher Ausländer« interniert. Ein ehemaliges Jagdschloss nahe dem mittelitalienischen Städtchen Urbisaglia wurde zu einem Lager für etwa hundert Männer umfunktioniert. Die Lebensbedingungen waren einigermaßen gut. Die Internierten lebten im Dienstbotentrakt, durften im Park spazieren gehen, Sprachkurse, Schachmeisterschaften und Gottesdienste organisieren, bekamen Ausgang und Familienbesuch. Paul richtete im Lager eine Krankenstation ein und war bald so beliebt, dass er auch Patienten in der Bevölkerung besuchte und ein Gehalt bekam. Jede Woche sandte er eine Postkarte nach Wien. »Ich beschäftige mich soweit es geht den ganzen Tag, um nicht so viel denken zu müssen«, schrieb er seiner älteren Tochter.

Während der Haft ihres Mannes war es meiner Urgroßmutter gelungen durchzusetzen, Pauls Pensionszahlungen weiter zu beziehen. Das sagte ihr »der Staatssekretär für das Sicherheitswesen und höhere SS- und Polizeiführer« im Juni 1939 zu. So lautet der Briefkopf des Schreibens. Anstelle der »S« von »SS« sind die Siegrunen gedruckt, die wie Blitze aussehen.

Hertha begann aufs Neue, die Flucht nach Shanghai für sich und ihre beiden Töchter vorzubereiten. Gültige Visa gab es bereits, doch das Geld für die Schiffspassage fehlte. Im Dezember 1939 beantragte sie, dass ihr anstelle der Pension ihres Mannes eine Abfindung ausgezahlt werde. Die hohe Summe, zirka 12 000 Reichsmark, hatte sie berechnet, wäre genug, um die Flucht zu bezahlen. Das Ansuchen wurde zuerst abgelehnt, im Juli 1940 schließlich bewilligt. Vom Reichsstatthalter in Wien erhielt sie ein Schreiben, dass »die Abfindung von 11 814,12 Reichsmark, das ist im Ausmaße des dreifachen Jahresbetrages des Gesamtruhebezuges ohne Verminderung um die bereits gezahlten Ruhegehaltsbezüge und ohne sonstige Einschränkungen gezahlt wird«.

Die Auszahlung verzögerte sich jedoch. Die Papierbögen riechen nach Sägespänen. Während ich sie chronologisch sortiere, ertappe ich mich dabei, wie ich mitfiebere. Wird es Hertha gelingen, das Geld zu erhalten? Ich kenne das Ende der Geschichte, aber die Sache mit der Abfindung hat Helga mir nie erzählt. Es scheint in ihrer Erinnerung nicht so präsent zu sein, womöglich hatte ihre Mutter damals nicht viel Aufhebens davon gemacht. Die Tochter war erst elf Jahre alt. Ich ahnte nicht, wie knapp meine Urgroßmutter daran war, ihrer Familie die Flucht zu ermöglichen.

Es dauerte länger als ein Jahr, bis Hertha die Abfindung tatsächlich ausbezahlt bekam. Am 25. August 1941 schrieb Hertha an »Herrn Reichsführer SS und Chef der Deutschen Polizei im Reichsministerium des Innern« in Berlin. Sie habe erfahren, dass auf ihr Konto der Postsparkasse 6474,09 Reichsmark überwiesen worden seien, also etwas mehr als die Hälfte der zugesagten Summe. »Auf meine ganz entsetzte Anfrage erhielt ich nun die Antwort, dass die Regierungsoberkassa sich die Summe von RM 5340 für Steuern etz. zurückbehalten habe.« Sie habe in ihrem vorangegangenen Gesuch ausdrücklich darum gebeten, »die Abfindungssumme nur dann auszuzahlen, wenn die Summe wirklich in der benötigten Höhe in meine Hand zum Zwecke der Reise nach Shanghai gelangen würde«. Sollte es Abzüge geben, »so bat ich, von der Auszahlung Abstand zu nehmen und weiter den Ruhegenuss zu gewähren, da ich mit einer geringeren Summe als die erwarteten 11 814 Mark die Reisekosten nicht bestreiten könnte«. Sie schließt mit der Bitte, ihr entweder die gesamte Summe auszubezahlen oder die Pension weiterhin beziehen zu können.

Ich spüre den Zorn und die Verzweiflung zwischen den Zeilen. Einmal mehr hatte das unfaire System sie betrogen und enttäuscht. Vermutlich erhielt Hertha auf ihr Schreiben keine Antwort, denn bis zum Kriegsende lebte die Familie von der ausbezahlten Abfindung. Die Flucht nach Shanghai kam nie zustande.

Auch die anderen Optionen verliefen ergebnislos: Für die Auswanderung nach Amerika hatte die Familie zwar ein Affidavit erhalten, also eine Garantieerklärung eines Bekannten, wartete aber vergeblich auf Quotenplätze. Hertha meldete Helga und Liese für eine Aktion der Kultusgemeinde zur Unterbringung von Kindern in Amerika an und ließ für Formulare sogar Passfotos der beiden anfertigen. Auf einem Bild hält die drei-, vierjährige Liese ihre Puppe, ihr Haar ziert eine große, weiße Schleife. Auch Helga, damals etwa zwölf, hat sorgfältig eingedrehte Haare. Doch auch aus diesem Plan wurde, aus welchen Gründen auch immer, nichts.

Dann würden sie eben versuchen, nach Italien zum Vater auszureisen. Ende 1941 bekamen Hertha, Helga und Liese endlich eine Einreisegenehmigung. Was fehlte, war eine Ausreisebewilligung. Wieder warten. Im Juni 1942 richtete Herthas Vater, Oberstleutnant der k. u. k. Armee, ein Schreiben an den Chef der deutschen Polizei in Berlin: »Nun bin ich um das Schicksal meiner einzigen Tochter aufs Höchste besorgt und bitte, die erforderliche Ausreisebewilligung so rasch als möglich zu erteilen und einem alten verdienten Offizier die Sorge um sein Kind zu nehmen.« Vergeblich. Mit 10. November 1941 hatte das Deutsche Reich seine Grenzen für Flüchtlinge geschlossen. Es gab keine legale Möglichkeit mehr, das Land zu verlassen.

*

Im Herbst 1939 war die zehnjährige Helga von der Volksschule am Hundsturm in das sogenannte »jüdische Lyzeum« in der Castellezgasse im zweiten Bezirk gewechselt. Auch dorthin ging sie gerne, hatte gute Lehrer, und sie schloss Freundschaften. Doch mit Ende ihres zweiten Schuljahres wurde die Schule in ein Sammellager umfunktioniert, der Unterricht eingestellt. Einige Monate lang organisierte die Mutter Privatunterricht für Helga und eine Freundin; doch nach und nach verschwanden die Lehrer auf den Transporten in die »Ostgebiete«.

Geld war knapp, und Helga wurde immer seltener richtig satt. »Wenn wir Schuhe gebraucht haben, war das eine Katastrophe«, sagt sie. Hertha war es nicht möglich zu arbeiten, weil sie die kleine Liese nicht allein lassen konnte. Oft war das Kind krank, vermutlich wegen mangelnder Ernährung. Die Obst- und Gemüserationen für Juden waren klein, die Schwarzmarktpreise enorm. Es fanden sich aber immer wieder Menschen, die ihnen halfen. Etwa der Besitzer einer Emaillierwerkstatt, der Hertha Heimarbeit gab – sie bemalte Spendenabzeichen für das Winterhilfswerk – und die dreizehnjährige Helga in seiner Werkstatt anstellte. Die Arbeit war hart, sie musste die schweren Farbtöpfe im eiskalten Wasser auswaschen, doch die beste Erinnerung hat Helga an den Besitzer. Sie weiß, wie er aussah, wie er hieß, wo sich die Werkstatt befand – und dass er ihr jeden Tag seine Jause überließ, ein Schmalzbrot und eine Tasse Kaffee. »Du bist sicher hungrig, Helga«, sagte er dann. Seine Familie, überzeugte Nationalsozialisten, sah das ungern.

Nebenher beschriftete Helga die Koffer ihrer jeweiligen Mitbewohner. Bis zum Winter 1941 waren an Juden, die deportiert werden sollten, gelbe Postkarten verschickt worden, mit der Anweisung, ins Sammellager zu kommen: »Bei Nichterscheinen erfolgt polizeiliche Vorführung.« Doch viele hatten sich der Aufforderung widersetzt – man hoffte, die politischen Verhältnisse würden sich bald ändern, weshalb es vorzuziehen war, so lange wie möglich in Wien zu bleiben. Also änderte die SS ihre Vorgangsweise. Die Postkarten wurden weiterhin verschickt, zusätzlich fanden »Aushebungen« statt: Nachts wurden Häuserblocks abgeriegelt, SS-Männer und jüdische »Ordner« kamen in die Wohnungen und bestimmten, wer mitkam. Die Ordner halfen beim Packen und trieben zur Eile an; sie hafteten mit ihrem Leben dafür, dass die Menschen im Sammellager eintrafen. Fünfzig Kilo pro Person, die Koffer mit Name und Adresse in weißer Ölfarbe beschriftet, als ob die solcherart Verschleppten zurückkehren würden. Viele markierten ihr Gepäck im Vorhinein, man wusste ja nicht, wann man an der Reihe war. Helga hatte eine saubere Handschrift und bot ihre Dienste an. Mal bekam sie dafür eine Reichsmark, mal zwei Äpfel.

Hatte Helga Zeit, ging sie in eine Leihbibliothek am Rochusplatz im dritten Bezirk. Juden war der Besuch streng verboten. Ob die Betreiber nicht ahnten, dass Helga sich unerlaubterweise dort aufhielt, oder ob sie beschlossen, nicht nachzufragen, vermag ich nicht zu sagen. Helga entwickelte eine Leidenschaft für Bücher, die ihr Leben lang anhielt. Damals arbeitete sie sich durch die verfügbare Literatur. »Ich war zwölf Jahre alt«, antwortet sie auf meine Frage, ob ihr die Bücher gefielen. Sie klingt, als wolle sie sich rechtfertigen, dass sie ihre Zeit mit Texten verbrachte, die später verpönt waren, antisemitische Schriften, der Bestseller »Das Buch von San Michele« von Axel Munthe und andere historische Romane, die die Nazis guthießen. Als ob es eine Wahl gegeben hätte.

Bis heute ist ihr Literatur wichtig. Oft beurteilt sie einen

Menschen danach, wie belesen er ist. In den vergangenen Jahren sind wir öfters gemeinsam gereist. Seit ich an diesem Buch arbeite, gelte ich als Hüterin der Familiengeschichte, und Helga nimmt mich ab und zu mit zu Auftritten als Zeitzeugin. Auf dem Weg nach Salzburg betrachtet sie das Buch, das ich gerade lese. Es ist von einer zeitgenössischen österreichischen Autorin, und Helga kennt es natürlich schon. Das sei ja kein schlechtes Buch, meint sie, aber im Vergleich zu Thomas Mann? »Hab ich noch nicht gelesen«, erwidere ich und mache einen zaghaften Versuch der Selbstverteidigung: »Aber fast alles von Klaus Mann!« Sie schüttelt den Kopf und schließt dabei kurz die Augen, als ob sie ihrer Enttäuschung Nachdruck verleihen wolle: »Den solltest du schon gelesen haben.«

*

Als Hertha, Helga und Liese eines Abends im Sommer 1942 auf dem Weg nachhause sind, läuft ihnen die Hausmeisterin entgegen. Oben sei gerade eine »Aushebung«, sie sollten weg. Wohin? Hertha handelt schnell. Einige Monate zuvor hatte sie sich mit der Inhaberin eines Modesalons angefreundet. Maria hieß sie, ihr jüdischer Partner saß in einem italienischen Internierungslager fest. Wie Hertha schickte sie regelmäßig Briefe nach Italien. Von Helga ließ sie sich bei den Reinzeichnungen von Entwürfen helfen und gab der Dreizehnjährigen dafür ein wenig Geld. Und als die Familie an diesem Abend an ihre Wohnungstür klopft, nimmt sie sie auf und versteckt sie einige Tage in ihrem Atelier. Dann kehren sie in die leere Sammelwohnung zurück.

In Helgas Erzählungen gehören Gut und Böse oft zusammen. Der Schuldirektor und die Lehrerin, der Emailleur und seine Frau, die SS-Männer und jene »Ordner«, die sich »menschlich« verhielten, die Hausmeisterin, die Modezeichnerin. Mir fällt auf, dass keine von Helgas Erinnerungen ausschließlich aus »anständigen« oder »unanständigen« Protagonisten besteht. Oft hat sie mir zum Beispiel erzählt, dass sie einmal am Kai spazieren ging, den gelben Stern an der Jacke, als sich eine fremde Frau näherte, ihr eine Ohrfeige gab und sie als »Judensau« beschimpfte. »Das gehört zusammen«, sagt sie und fährt fort, dass sie ein anderes Mal an der gleichen Stelle unterwegs war, als ihr eine unbekannte Frau einen Sack Orangen in die Hand drückte, verschämt »du armes Kind« murmelte und verschwand. »Erinnerst du dich an mehr gute oder schlechte Erlebnisse mit anderen Menschen?«, frage ich sie einmal. »Es kommt darauf an, was du dir merkst«, sagt meine Großmutter.

Einige Monate später werden Hertha, Helga und Liese in einer anderen Sammelwohnung nachts geweckt. SS. Chaos. Angst. Schreie. Sammellager. Im Turnsaal einer ehemaligen jüdischen Schule in der Malzgasse drängen sich Menschen, auf dem Boden Strohsäcke. Nach und nach werden sie zur »Kommissionierung« aufgerufen. Dort kontrolliert die SS die Papiere, nimmt den Menschen Geld und Schmuck ab und bestimmt, wer auf den Transport kommt und wer noch zu warten hat.

Herthas Vater gelingt es unter nicht eruierbaren Umständen, die Tochter und seine Enkelkinder aus dem Sammellager zu befreien. Hatte er sich nach der Scheidung von Herthas Mutter wenig um die Tochter gekümmert, stand er seiner Familie seit dem »Anschluss« bei. In seiner Wohnung im dritten Bezirk waren Hertha, Helga und Liese oft zu Besuch. Gemeinsam mit seiner zweiten Frau Ella unterstützte er sie mit Geld und Nahrungsmitteln, so gut es ging. Er ließ auch mehrfach seine Verbindungen spielen – als sein Schwiegersohn Paul 1939 nach Buchenwald deportiert worden war, und zwei Jahre später, als er seiner Familie die Ausreise nach Italien ermöglichen wollte. Nun, 1942, gelingt es ihm, bei Ernst Kaltenbrunner, damals Führer von SS und Polizei in Wien, vorzusprechen. Dieser sichert ihm zu, dass seine Tochter nicht in die gefürchteten »Ostgebiete« verschickt werde. Die Gefahr, dass die Familie deportiert wird, scheint gebannt. Den Nazis war es wichtig, die »arische« Bevölkerung nicht zu beunruhigen, sodass man ihm seinen Wunsch erfüllte – fast.

Am 14. Februar 1943 wird Helga vierzehn Jahre alt. Seit fünf Jahren feiert sie ihre Geburtstage ohne den Vater. »Der 14. Geburtstag ist ein Markstein im Leben des Menschen«, steht in dem Brief, den Helga von ihm bekommt. »Ich kann Dir als guter Vater nur aus übervollem Herzen den Rat geben, bleibe genau so, wie Du bist.« Sie sei herzensgut, brav, gescheit, fleißig und »ernst, wenn es der Moment erfordert«. Paul erinnert sich an glücklichere Zeiten, als sie, das erste Kind, der Mittelpunkt der Familie gewesen war. Nun fehle zwar der äußere Rahmen, aber sonst habe sich nichts daran geändert. »Die heutige ernste Zeit hat auch an Dich, meine Geliebte, unerhörte Anforderungen schon in zarter Jugend gestellt. Sage Dir, alles geht vorüber, ein ganzes Leben steht vor Dir, ein Leben, wie ich vom Himmelsvater erflehe, voll Sonne und Schönheit.«

Wenige Tage später erhält Helga die gelbe Postkarte. Sammellager. Allein. Unbekanntes Ziel.

Helgas 14. Geburtstag war tatsächlich ein Markstein gewesen. Der »Schutzstatus«, den die Familie genoss, hatte nämlich einen Haken: Er galt für Herthas Töchter nur, solange diese jünger als vierzehn Jahre alt waren. Hertha war nach den herrschenden Gesetzen »Geltungsjüdin«. Dazu zählten »Halbjuden«, also Menschen mit zwei jüdischen Großeltern, die einen jüdischen Ehepartner hatten oder ihre Kinder jüdisch erzogen. Menschen wie Hertha. Die meisten »Geltungsjuden« wurden wie »Volljuden« deportiert. Einen Deportationsschutz gab es jedoch für jene »Geltungsjuden«, die zwar jüdisch erzogene oder

»volljüdische« Kinder hatten (was auf Hertha zutraf, da Liese und Helga als »Volljuden« galten), aber von ihrem jüdischen Ehepartner getrennt oder geschieden lebten. Dieser Schutz galt auch für die »volljüdischen« Kinder bis zu einem Alter von vierzehn Jahren, da es die Deportationsrichtlinien prinzipiell untersagten, Eltern von ihren Kindern zu trennen. Unschöne Szenen vor der »arischen« Bevölkerung galt es unter allen Umständen zu vermeiden.

Möglicherweise wurde Herthas Familienstand in den Dokumenten geändert; sie firmierte nun als vom Ehemann getrennt oder geschieden, was ja auch zutraf, da Paul seit Jahren nicht mehr mit ihnen leben durfte. Vermutlich veranlasste Kaltenbrunner diese Statusänderung, nachdem Herthas Vater bei ihm vorgesprochen hatte. Eine Historikerin hält das für möglich, fügt aber an, sie kenne kein vergleichbares Beispiel aus Wien.

Im Februar 1943 war Helga also alt genug, um von der Mutter getrennt zu werden. Ihr »Schutzstatus« war erloschen. Meine Urgroßmutter dachte jedoch gar nicht daran, die Tochter allein fahren zu lassen. Sie meldete sich und die sechsjährige Liese dazu.

Dann erkrankte Liese an Scharlach und musste ins Krankenhaus, wo sie in Quarantäne kam. Der Deportationstermin rückte näher, Liese war noch nicht gesund. Drei Mal pro Woche durfte die Mutter zu Besuch kommen und mit der Tochter durch eine Glaswand reden. Erneut sprach der Großvater bei Kaltenbrunner vor und erreichte, dass die Familie Lieses Genesung abwarten durfte, allerdings im Sammellager in der Malzgasse. Ein Transport verließ ohne sie Wien. Dann war Liese halbwegs gesund. Geschwächt und fiebernd, wie sie war, befand man, der Transport sei ihr zuzumuten. Im Krankenhaus wurden ihr die Zöpfe abgeschnitten.

THERESIENSTADT/TEREZÍN

»Ich hab ein Déjà-vu«, sagt Helga. Mit ihr und ihrer Schwester Liese stehe ich in einem ruhigen Innenhof. Unkraut sprießt zwischen den Betonplatten. Auf der einen Seite begrenzt ihn eine Mauer, an der Autos parken, einige davon stark beschädigt. Auf der anderen ragt ein zweistöckiges graues Gebäude auf. Es ist in einem Halbkreis angelegt und hat große, vergitterte Fenster.

Helga zeigt auf das oberste Stockwerk. Dort, auf dem Dachboden der Sudetenkaserne in Theresienstadt, bekam die Familie nach ihrer Ankunft Schlafplätze zugeteilt. Verglichen mit den früheren Transporten, waren sie in einer kleinen Gruppe gereist. Gemeinsam mit 98 anderen Menschen hatten sie zwei Tage zuvor, am 30. März 1943, einen alten Personenzug mit Holzbänken am Wiener Nordwestbahnhof bestiegen, Transportnummer IV/14f. Aus ihrem Mieder hatte meine Urgroßmutter Hertha die Fischbeine entfernt und ihr restliches Geld eingenäht. Darüber hinaus befanden sich eine Waschschüssel und ein transportables Bidet in ihrem Gepäck. Die sechsjährige Liese hatte die Fahrt fiebernd und im Gepäcknetz liegend verbracht. Die zweieinhalb Kilometer vom Bahnhof in Bohušovice nach Theresienstadt legten sie zu Fuß zurück, Liese zogen sie auf einem Leiterwagen.

Auf die Abreise war Helga neugierig gewesen. Angst, erzählt sie mir, habe sie keine gehabt. So viele Freundinnen und Bekannte waren schon verschickt worden. Zu diesem Zeitpunkt lebten nur noch knapp achttausend Juden in Wien, von denen die meisten durch »arische« Ehepartner oder Elternteile geschützt waren. Niemand, sagt sie, konnte sich vorstellen, dass es bedeutete zu sterben, wenn man nach Riga oder Minsk fuhr.

In Theresienstadt teilten sich zwei Menschen je einen Strohsack auf den schmalen, dreistöckigen Pritschen. Die Latrinen und Waschräume befanden sich im Erdgeschoß, erklärt Helga. Liese nickt. Sie hatte einen Nachttopf, den sie zu den Latrinen trug, bevor sie ihn benutzte. Den anderen Frauen wandte sie dabei den Rücken zu. Das gehöre sich, hatte die Mutter befunden.

Ich frage sie, ob sich die Latrinen im Hof, wo nun Autowerkstätten sind, oder im Inneren des Gebäudes befanden. Sie wissen es nicht mehr und diskutieren so sachlich über die Möglichkeiten, als handle es sich um einen ehemaligen, liebgewonnenen Wohnort. Mich verblüfft, welche Freude es ihnen bereitet, Details wiederzuerkennen, etwa die Kirche, als wir vorhin über den ehemaligen Marktplatz gingen, oder die markanten halbrunden Fenster der Kaserne. Die eine behauptet etwas, die andere widerspricht, es geht hin und her, bis eine der beiden nachgibt, woraufhin die andere einräumt, dass die eine auch recht haben könnte. Ist es ein menschliches Bedürfnis, Lücken in der Erinnerung zu schließen, egal, wie schmerzhaft diese sind? Oder schmerzt die Erinnerung an diesen Ort nicht mehr?

Ihre Ankunft in Theresienstadt liegt mehr als siebzig Jahre zurück, als wir an diesem Augusttag 2013 das nordtschechische Terezín besuchen. Die Schwestern waren begeistert gewesen, als ich sie gefragt hatte, ob sie mich begleiten würden. Es soll eine Reportage für ein deutsches Magazin werden. Einige Monate davor habe ich mein Masterstudium in New York abgeschlossen, nun absolviere ich ein Praktikum in Berlin. Danach werde ich noch einmal nach New York gehen und fast zwei Jahre dort arbeiten, bevor ich endgültig nach Wien zurückkehre.

Der Vorschlag für diese Reportage stammt von einer Redakteurin. Ich zögere keinen Augenblick. Mir fällt auf, wie sehr sich mein Verhältnis zur Vergangenheit meiner Familie verändert hat, seit ich nicht mehr in Wien lebe. Ich kann mich nicht daran erinnern, nichts über den Holocaust gewusst zu haben. Als Sechsjährige beäugte ich misstrauisch die Duschen in einem Salzburger Skihotel. Ich hatte gehört, dass Verwandte mit getarnten Duschen ermordet worden waren; wie konnte ich mir sicher sein, dass man uns hier nicht auch umbringen würde? Später verschlang ich die vorhandene Jugendliteratur mit, ja, wohligem Gruseln. Als ich älter wurde und die Dimension der Verbrechen zu begreifen begann, schreckte ich nachts oft aus Albträumen hoch, in denen ich vor Nazis davonlief oder meine Familie in Gaskammern verschwinden sah. Ich hörte auf, mich mit dem Thema zu beschäftigen, was niemandem auffiel, da die Menschen ohnehin oft hilflos reagierten, wenn ich erzählte, dass ich Jüdin sei. Was bedeutete das? War ich anders? Trugen sie Mitschuld? Niemand schien so recht zu wissen, was man sagen durfte, weshalb man lieber schwieg. Das war mir recht. Religiös war ich nie, und nun tat ich, als interessierte mich die Verfolgung der Juden nicht sonderlich. Der Grund war ein anderer: Es schmerzte zu wissen, dass meine Albträume die Wirklichkeit meiner Vorfahren gewesen waren.

Erst als ich für mein Bachelorstudium nach England ging, bekam ich etwas Distanz. Einige fragten, wie ich in Österreich leben konnte. Seien da nicht nur Nazis? Ich fühlte mich angegriffen. Ich, die ich als Teenager überall Anarchie-Zeichen hingemalt hatte, meinen Schulkollegen aus dem »Kommunistischen Manifest« vorlas (ihr betretenes Schweigen interpretierte ich als Ergriffenheit) und stets behauptet hatte, ich fühle mich nicht als Österreicherin – ich begann Österreich zu verteidigen. Ja, es gebe eine rechte Partei, die mir Sorgen bereitete, aber so viele Nazis seien es nicht. Ja, mit der Restitution hatte man sich Zeit gelassen, österreichische Gemütlichkeit eben. Und so weiter.

Es war jedoch erst in New York, dass ich mich tatsächlich als historische Anomalie zu fühlen begann – und begriff, dass ich mich mit der Vergangenheit auseinandersetzen musste, wenn ich verstehen wollte, warum meine Großeltern in Wien geblieben waren.

*

Wir schlendern über den menschenleeren Hauptplatz von Terezín. Kaum jemand ist unterwegs an diesem Tag, nur ein Bettler, der um Münzen bittet. Die Schwestern schauen einander an. »Gib ihm was, Helga«, sagt Liese, als der Mann mit zerfurchtem Gesicht und abgewetzter Kleidung auf uns zukommt, die Hände vor der Brust zu einer Schüssel geformt. Helga nestelt eine Münze aus ihrem Rucksack. »Wie schön es ist, jemandem in Theresienstadt einen Euro zu geben«, sagt Liese. Genauso wie ihre ältere Schwester ist sie guter Stimmung. Die Nacht davor haben wir in Prag übernachtet und abends in einem Kaffeehaus Kuchen gegessen. Eine meiner Cousinen ist auch dabei, es hat etwas von einem Familienausflug.

Heute zählt Terezín dreitausend Einwohner. An seine Vergangenheit erinnern ein kleines Museum und einige Gedenktafeln. Außerhalb der Stadtmauern, in der ehemaligen Kleinen Festung, die den Nazis als Gefängnis für Widerstandskämpfer diente, gibt es eine Gedenkstätte. Theresienstadt war 1780 als Garnisonsstadt erbaut worden, um die Habsburgermonarchie gegen Angriffe aus dem Norden und Westen zu schützen. Mit der Gründung der ersten tschechoslowakischen Republik nach dem Ende des Ersten Weltkriegs wurde das Städtchen in Terezín umbenannt. Nach dem Einmarsch der Nazis bekam es wieder seinen deutschen Namen, die einheimische Bevölkerung wurde vertrieben und Ende 1941 eine Gruppe tschechischer Juden hierher verschleppt, um ein Lager unter jüdischer Selbstverwaltung aufzubauen. Es wurde vorgegaukelt, es sei ein Getto für Privilegierte und Alte, die Versorgung bis zum Lebensende sei garantiert. Tatsächlich war es von Anfang an als Sammellager gedacht, um Juden in den Osten zur Vernichtung zu schicken.

Links und rechts von der Kirche, die während der NS-Zeit geschlossen blieb, stehen zweistöckige, gelbe Häuser mit hohen Fenstern – die ehemaligen Kinderheime. Eindeutig waren es einmal Bauten, die beeindrucken sollten; heute wirken sie verwahrlost. An der Hausmauer bröckelt der Verputz ab, die Straße ist voller Schlaglöcher. Ich schaue auf den Stadtplan. Das linke Haus wurde zur Zeit des Gettos unter der Bezeichnung L414 als Jugendheim benutzt; das rechte war ein Mädchenheim, L410, in dem tschechische Kinder untergebracht waren. Helga sieht sich um. »Kommt dir das bekannt vor?«, fragt Liese. »Ich würde sagen, ja«, antwortet sie. Sie klingt unsicher. Helga erinnert sich, in L414 untergebracht gewesen zu sein, aber das rechte Haus wirkt vertrauter auf sie. Das Haustor ist unversperrt, wir gehen hinein. Die Decken sind hoch. Spinnweben, Taubenkot am Boden, überall Dreck. Als ich die Stufen hinaufsteige, finde ich vor einer Wohnungstür Gerümpel. Im Fenster klebt eine Vermisstenanzeige für einen Hund. Helga erkennt das Stiegenhaus und das Fenster wieder und scheint zufrieden, mich aber bedrückt das Haus. Der Zustand ist der Erinnerung an die Tausenden Kinder unwürdig, die hier leben mussten und von denen die meisten nie nachhause zurückkehrten, denke ich – auch wenn das Gebäude damals vermutlich in einem ähnlichen Zustand war. Doch ich kann mich nicht so recht entscheiden, was ich mir stattdessen wünsche: Hübsch renoviert wäre es unpassend. Reißt man es ab, scheint mir, geht die Verbindung zu den Kindern endgültig verloren. Sollte man daraus ein Museum machen und die Stadt in eine riesige Gedenkstätte verwandeln?

Im Zimmer 18 von L414 wurde Helga wenige Wochen nach ihrer Ankunft untergebracht. Es war eine Verbesserung gegenüber der Sudetenkaserne. Hier schliefen achtzehn gleichaltrige Mädchen in einem Zimmer, es gab eine Zimmerälteste sowie ältere jüdische Inhaftierte, die sie betreuten und für einen geordneten Tagesablauf sorgten. Zu den Aufgaben der Zimmerältesten gehörte, die Brotrationen zu verwalten, die sie alle drei Tage von der Lagerverwaltung bekam. Den Betreuern, junge österreichische und deutsche Juden, vielfach zuvor in zionistischen Bewegungen aktiv, war es gelungen, den Mädchen ein Gemeinschaftsgefühl zu vermitteln. Als Zimmergemeinschaft hielt man zusammen und bestahl einander nicht. Umso größer die Aufregung, als eines Tages ein Stück Brot fehlte. Helga war zuvor allein im Zimmer gewesen und stand deshalb unter Verdacht. Zimmer 18 versammelte sich, Helga wurde befragt. Sie beteuerte ihre Unschuld, bestand darauf, die Rechtfertigungen der anderen Mädchen zu überprüfen. Tatsächlich wurde ein Mädchen ausfindig gemacht, das den Diebstahl gestand.

»Du kennst mich ja, ich mach so etwas nicht«, fügt Helga hinzu. Ich nicke. Dennoch bin ich unsicher. Kenne ich sie wirklich so, dass ich das bestätigen könnte? Helga war in Theresienstadt stets hungrig. Hunger als körperlicher Zustand, bei dem man immer ans Essen denkt und ständig Ausschau nach Übriggebliebenem und Heruntergefallenem hält, ist mir in dem Ausmaß völlig unbekannt. Nur einmal, als ich mit achtzehn an einem Abenteuercamp teilnahm, bei dem es nur eine Mahlzeit am Tag gab, erlebte ich, wie präsent Essen werden kann. Anstatt über die großen Fragen der Menschheit zu diskutieren, erzählten die Teilnehmer einander von ihren Lieblingsspeisen. Und wir wussten, dass es nur eine fünftägige Herausforderung war. Was macht der dauernde Hunger aus einem? Hätte ich das Brot gestohlen?

Der Hunger bestimmte Helgas Entscheidungen. Wie alle halbwegs gesunden Menschen in Theresienstadt wurde sie zur Arbeit eingeteilt. In den verschiedenen Werkstätten wurde hauptsächlich für den Bedarf des Lagers produziert, aber auch für Auftraggeber von außerhalb, darunter die Wehrmacht. Helga begann in einer Keramikwerkstatt. Als sie erfuhr, dass man für Schwerarbeit zusätzliche Essensrationen bekam, meldete sie sich bei einem Sägewerk. Die Bretter waren für sie kaum zu tragen, also bat sie um Versetzung. Die Arbeit in der Glimmerspalterei, wo man mit einer Art Spachtel große Blöcke des Schichtsilikats teilen musste, war anstrengend und für Augen und Atemwege schädlich. Auch nicht besser. Helga ließ sich erneut versetzen und kam in eine Putzkolonne, die in der Kavalierskaserne, dem Krankentrakt des Lagers, Gänge und Stufen reinigte. Widerwärtig war das, sagt sie. Das ist ein starkes Wort für Helga, sie benutzt es nicht oft, also frage ich nach. Warum? »Weil ich allein war.«

Ihre Antwort verstehe ich erst, als sie mir erzählt, wie sie im Sommer 1943 schließlich zur Arbeit in der riesigen Lagerlandwirtschaft eingeteilt wurde. Die versorgte neben Theresienstadt mit seinen bis zu 30 000 inhaftierten Juden, der SS-Kommandantur und dem tschechischen Wachpersonal auch die umliegenden Orte. Gemeinsam mit einer Gruppe von rund zwanzig Jugendlichen schuftete Helga auf den Feldern außerhalb der Stadtmauer. Sie trug einen Arbeitsanzug mit vielen Taschen und löchrige Gummistiefel, die sie mit Zeitungspapier ausstopfte. Auf den matschigen Feldern waren ihre Füße ständig nass. Im Winter zog sie alle ihre Kleidungsstücke unter dem

Overall an und fror trotzdem. Die Arbeit war hart, aber fühlte sich für Helga sinnvoll an, weil die Gruppe ein gemeinsames Ziel hatte: Nach Kriegsende würden sie gemeinsam nach Palästina auswandern und den jüdischen Staat aufbauen. Deshalb war es gut, hier zu lernen, wie man Felder bewirtschaftete.

Sahen die Wachen nicht hin, aßen die Feldarbeiter alles, was irgendwie genießbar war. Äpfel und Zwiebeln, Rüben und Maiskolben. »Was müssen wir für Mägen gehabt haben«, sagt Helga. Nach der Apfelernte vergruben sie heimlich eine volle Kiste als Vorrat für den Winter. Die Stelle markierten sie mit Steinen. Doch als sie sich Monate später auf die Suche machten, war die Kiste unauffindbar. Sie gruben überall, doch fanden nichts.

Einfacher war es, am Ende jeden Tages die Beute ins Lager zu schmuggeln. Helga band sich Rüben mit Tüchern um den Oberschenkel und stopfte ihren Büstenhalter mit Äpfeln aus. Jemand wurde vorausgeschickt, um die Wache beim Stadttor auszukundschaften. War eine Frau dabei, die weibliche Häftlinge abtasten durfte, ließ Helga unauffällig die Obst- und Gemüsestücke aus dem Gewand kullern. Die Erinnerung daran amüsiert sie bis heute.

Jemand anderem hätte Helga wohl nie das Essen weggenommen, aber die Nahrungsmittel vom Feld zu stehlen war für sie vertretbar, erklärt sie. Zum einen nahm sie ja von einem riesigen Vorrat, von dem die Lagerverwaltung deutlich mehr bekam als sie. Und zum anderen hatte sie sich selbst die Regel auferlegt, nichts von den Dingen zu behalten, die sie ins Lager schmuggelte. Sie hatte ja auf dem Feld gegessen. Das erbeutete Obst und Gemüse teilten die Arbeiter untereinander auf. Was ihr zustand, gab Helga ihrer Mutter und Schwester.

Auch Hertha, die Mutter, musste arbeiten. Zehn Stunden am Tag, mit einem freien Tag in der Woche. Sie kümmerte sich um die Kranken, vor allem die Kinder, während die eigene kleine

Tochter auf dem Dachboden der Sudetenkaserne zurückblieb. Eigentlich wurden Vier- bis Zehnjährige in gemeinsamen Kinderheimen untergebracht; diese waren allerdings zu diesem Zeitpunkt hoffnungslos überfüllt.

Liese, damals sieben, konnte weder lesen noch schreiben; schließlich hatte sie nie eine Schule besucht. Spielzeug besaß sie keines. Also beschäftigte sie sich mit allem, was ihr in die Hände fiel. Zuerst ein Päckchen Zucker, das die Mutter in ihrem Bett versteckt hatte. Sie bewegte es hin und her und lauschte dem leisen Rieseln. Dann öffnete sie das braune Papier, steckte einen Finger hinein und ließ ihn kreisen. Als sie ihn herauszog, waren einige Kristalle daran geblieben. Sie schleckte sie ab. Als sie den Finger ein weiteres Mal in den Zucker tauchen wollte, kippte das Päckchen um. Die feinen Körner lagen nun auf dem schmutzigen Boden verstreut. Liese erschrak. Es gelang ihr nicht, den Zucker wieder zurück ins Päckchen zu füllen.

Einige Abende später fand Hertha die Tochter mit einem neuen Spielzeug. Liese hatte Zündhölzer entdeckt und beobachtete fasziniert die tanzende Flamme eines kleinen Kochers. Hertha erkundigte sich nun bei der Jugendfürsorgeabteilung der jüdischen Selbstverwaltung, ob es nicht doch einen Heimplatz für Liese gebe. In einer Gruppe behinderter Kinder fand sich Platz. Das war nicht ideal, aber besser, als die Siebenjährige, ein sanftes und anhängliches Kind, unbeaufsichtigt zu lassen. Von der Kindergruppe hat Liese oft erzählt. Die seien gemeinsam mit ihren Betreuern aus einer deutschen Stadt deportiert worden, woher genau, weiß sie nicht mehr. Sie erinnert sich an den fremden Akzent und die merkwürdigen Ausdrücke, die sie imitiert: »Nee, klasse. Sach das nich!« Die Betreuer hätten sich um sie bemüht, doch war Schulunterricht verboten, sodass Liese lediglich ab und zu mit einigen von den Kindern spielte. Liese fühlte sich im Heim allein. Die Trennung von der Mutter, die sie zwar täglich besuchen kam, schmerzte, und die große Schwester, Helga, sah sie nun noch seltener.

Erinnert sich jemand an die Kindergruppe? Ich sende eine Anfrage an das Archiv der Gedenkstätte Theresienstadt. Es sei unwahrscheinlich, dass Liese gemeinsam mit behinderten Kindern untergebracht worden sei, bekomme ich zur Antwort. »Geisteskranke« Kinder hausten gemeinsam mit alten und psychisch kranken Insassen in der Kavalierskaserne. Aber es habe ein Haus gegeben, in dem neben schwererziehbaren auch »normale« Kinder gelebt hatten.

Heute ist Liese mehr als achtzig Jahre alt. Einst war sie Balletttänzerin im Ensemble der Wiener Volksoper, später arbeitete sie als Buchhalterin und schließlich viele Jahre in der Filmproduktionsfirma ihres Mannes. Sie vermag Menschen in ein Gespräch zu verwickeln, an dessen Ende sich alle gut fühlen. Vielleicht trügt sie ihre Erinnerung mittlerweile. Ich glaube es nicht, denn als Kind merkt man sich Menschen, die sich ungewöhnlich verhalten oder anders aussehen. Darüber hinaus bin ich mittlerweile davon überzeugt, dass die Annahme, im NS-Regime sei alles geordnet gewesen und nach strengen Regeln zugegangen, falsch ist. Hertha war schließlich zuvor mehrfach Unmögliches gelungen, etwa die Pension ihres Mannes nach dessen Flucht weiter zu beziehen, einen »Schutzstatus« zu erhalten oder den Transport nach Theresienstadt zu verschieben. Andere Überlebende erzählen von ähnlichen Begebenheiten. Was in den Lagern geschah, war den Nazis egal, solange es ihnen keine Umstände machte. Gute Organisation setzt voraus, dass etwas Wertvolles zu bewahren ist. Juden waren in den Augen der Nazis wertlos.

*

Der Tag in Terezín ist anstrengend. In dem dunklen Café der Gedenkstätte legen wir eine Pause ein. Wir sind die einzigen Gäste, zu essen gibt es abgepackte Sandwichs. Als Liese in das trockene Toastbrot beißt, scherzt sie, dass sie in Theresienstadt nie so gut gegessen habe. Dann wird sie ernst. »In Wirklichkeit ist das hier eine Mörderstadt«, sagt sie. Helga verzieht keine Miene, hebt nur leicht die Schultern. »Es sind ja nicht dieselben Leute«, erwidert sie. Womöglich hat sie diese Diskussion schon oft mit sich selbst geführt. Liese setzt fort: »Die tschechischen Wärter waren die unfreundlichsten.« – »Sie waren sehr unterschiedlich«, entgegnet Helga. Liese verstummt. Die Ältere hat das letzte Wort.

VERSCHLAFEN

»Aufstehen! Aufstehen!« Die Rufe reißen die Insassen von Theresienstadt in einer kalten Nacht aus dem Schlaf. Es ist halb sechs Uhr morgens. Was ist los? Hertha schreckt hoch, zieht sich alles an, was sie hat. Und friert trotzdem. Dann schlängelt sie sich zwischen den hohen Betten und den aufgescheuchten Menschen vorbei, die Stufen der Sudetenkaserne hinunter, die kurze Straße entlang und über den Marktplatz zum Kinderheim. Überall laufen Menschen durcheinander. Sie werden von SS-Männern, die man sonst im Lager selten sieht, in Richtung eines der Stadttore getrieben. Niemand beachtet Hertha, als sie Liese aus dem Bett holt, mit ihr an der Hand zu Helgas Wohnheim geht und wartet, bis die ältere Tochter herauskommt. Egal, was nun geschieht, sie bleiben zusammen.

Sie halten einander an den Händen, Liese in der Mitte, und schließen sich dem Strom von Menschen an, der das Lager durch ein Stadttor verlässt. Auf einem riesigen Feld müssen sie stehen bleiben. Befehle werden geschrien. Im Gras stecken Tafeln mit Nummern, um die sich jeweils eine bestimmte Anzahl von Menschen gruppieren soll. Auf den Hügeln um sie herum sehen sie Gendarmen, die ihre Gewehre auf sie gerichtet haben. Werden sie nun erschossen? Oder in Gaskammern getrieben?

Die Stunden vergehen, man darf sich nicht bewegen. Es ist Anfang November 1943, neblig und eisig kalt. Liese erinnert sich an die unheimliche Angst, Helga an den bitterkalten Wind, von dem sie eine Nierenbeckenentzündung bekommt, nachdem sie sich im Freien erleichtern musste.

Nach Stunden der Befehl: Abtreten ins Lager! Die etwa 30 000 Menschen drängen durch die Tore, froh, nach Theresienstadt zurückkehren zu dürfen. Später erfahren sie, dass in der Lagerevidenz dreißig Gefangene gefehlt haben, was zu dem Appell führte.

*

Als Liese eines Morgens aufwacht, ist sie allein im Zimmer. Die dreistöckigen Betten sind leer, die anderen Kinder weg, von den Betreuern ist niemand zu sehen. Warum hat man sie verlassen? Hat sie etwas falsch gemacht? Verunsichert läuft sie zu ihrer Mutter, die in Erfahrung bringt, was geschehen war. Die Kindergruppe war an diesem Morgen mit einem »Osttransport« verschickt worden, dessen Ziel die Verschleppten nicht kannten. Manche wollten daran glauben, dass es zum Arbeitseinsatz ging; die Betreuer der behinderten Kinder ahnten wohl, dass das nicht stimmte, und hatten Liese absichtlich zurückgelassen.

Diese Geschichte hat Liese mir das erste Mal erzählt, als ich im Volksschulalter war. Sie holte damals meine um anderthalb Jahre ältere Cousine und mich oft von der Schule ab. Zunächst ging es immer zur türkischen Bäckerei, wo Liese mit der Inhaberin plauderte, während wir uns Süßigkeiten aussuchen durften, obwohl zuhause ein Mittagessen auf uns wartete. Dann fuhr sie uns in ihrem knallroten VW Golf nachhause. Wir saßen auf der Rückbank und aßen Gummibärchen und Börek. Was sie uns erzählte, fand ich damals tragisch und unheimlich. Gleichzeitig blieb es abstrakt. Ich vermute, dass viele Enkelkinder von Holocaustüberlebenden ähnlich aufgewachsen sind: Sie lauschten Erzählungen über Kinder, die vergast wurden, und aßen dabei Süßigkeiten. Die Shoah war immer da, blieb zwar meist im

Hintergrund, es brauchte jedoch nur wenig, um sie hervorzuholen. Während der Schulzeit etwa, als die Familie in den Weihnachtsferien Skiurlaub machte. Die Erwachsenen entschieden kurzfristig, dass wir alle einen Tag vor der geplanten Abreise zurückfuhren. In Wien gab es einiges zu erledigen. »Wir üben für die Flucht«, kommentierte meine Tante. Es war ein Scherz. War es ein Scherz?

Liese erzählt, dass sie froh war, nach der Deportation der Kinder wieder bei ihrer Mutter wohnen zu dürfen. Im Zimmer meiner Urgroßmutter lebte auch eine ältere deutsche Jüdin, zu gebrechlich, um zu arbeiten. Sie organisierte Papier und brachte Liese Lesen und Schreiben bei. Zwei vergilbte, linierte Zettel, auf deren Kopfzeile »Jüdische Selbstverwaltung Theresienstadt« steht, hat Liese aufgehoben. »Was ist eigentlich unsere Heimat? Jeder Mensch hat seine Heimat. Das kann ein winzig kleines Dorf, eine große Stadt oder auch nur ein Häuschen im Walde sein. Und diese Heimat liegt wieder in einem Land … und so ist die Erde unser aller Heimat, denn wir Menschen leben und sterben alle auf der Erde«, steht auf dem einen. Es ist nach Diktat geschrieben. Der andere Zettel ist ein Halbjahreszeugnis. In Betragen bekommt Liese ein »sehr gut«, »gut« hat sie in den anderen Fächern, abgesehen von Rechnen und Rechtschreiben, da steht »befriedigend«.

*

Im Oktober 1944 erscheint Helgas Name auf einer Liste für einen »Arbeitseinsatztransport«. Mehrere Mädchen aus ihrem Zimmer sind ebenfalls gelistet, also ist Helga nicht weiter beunruhigt. Zudem kursieren Gerüchte, in dem anderen Lager gebe es mehr zu essen. Hertha ist misstrauisch, sieht jedoch keine Chance, die Trennung von ihrer älteren Tochter zu verhindern.

Am Tag der Deportation findet sich Helga vorschriftsgemäß am frühen Morgen in der großen Halle der Hamburger Kaserne ein. Die zweitausend Menschen, die abtransportiert werden sollen, stellen sich nach Nummern gereiht auf und werden in Gruppen zu den Zügen geschickt, die vor dem wuchtigen, gelben Gebäude halten. Helga steht mit ihrem schweren Rucksack weit hinten. Ihre Transportnummer ist 1680, also wird es noch Stunden dauern, bis sie den Zug besteigen kann. Das Gewicht des Gepäcks lastet auf ihren Schultern, der dauernde Lärm, die schlechte Luft und der Hunger zehren an ihren Kräften. Sie sieht sich um. SS-Männer sind damit beschäftigt, die Wartenden vorne zur Eile anzutreiben. Auf der Suche nach Gepäck und Angehörigen laufen fortwährend Menschen umher. Gegen Abend schleicht sich Helga aus der Halle, um einen Platz zum Ausruhen zu finden. In einem leeren Zimmer der Kaserne entdeckt sie ein Bett mit einem zerschlissenen Strohsack. Sie schläft sofort darauf ein.

Als sie erwacht, sind die Züge abgefahren.

Helga meldet sich bei der Lagerverwaltung. Das sei kein Problem, heißt es, sehr bald gebe es den nächsten Transport. Im Herbst 1944 fuhren Züge fast täglich. Mehr als 18 000 Menschen wurden aus Theresienstadt ins Vernichtungslager Auschwitz verschleppt. Seit Jänner 1942 waren bereits 70 000 aus dem Sammellager deportiert worden.

Hertha blieb misstrauisch. Sie wollte ihre Tochter nicht allein lassen; also meldete sie sich ebenfalls bei der Lagerverwaltung: Liese und sie würden mitkommen. Das hatte sie im Frühjahr 1943 auch gemacht, als Helga allein nach Theresienstadt deportiert werden sollte. Keinesfalls, lautete die Antwort. Die beiden Töchter könnten fahren, sie aber nicht. Hertha wusste, dass der Chef der Sicherheitspolizei und des SD, Ernst Kaltenbrunner, ihrem Vater zugesagt hatte, ihr werde nichts zustoßen.

Auf der Transportliste standen viele andere Mütter mit ihren Kindern. Ging es tatsächlich zu einem Arbeitseinsatz? »Irgendwas stinkt«, sagte Hertha zu Helga. Und sie schlug vor, Helga solle noch einmal probieren, sich unauffällig aus der Schleuse, wie die Verladehalle genannt wurde, davonzumachen. Ein fünfzehnjähriges Mädchen allein würde niemand beachten. Wieder hat Helga eine hohe Transportnummer. Und wieder gelingt es ihr, sich fortzuschleichen.

Meine Urgroßmutter muss sich im Klaren darüber gewesen sein, wie unwahrscheinlich es war, ein weiteres Mal Glück zu haben. Sie beschloss, bei dem Leiter der Lagerlandwirtschaft, für die Helga arbeitete, vorzusprechen. Dieser war zwar SS, hatte aber den Ruf, seine Arbeiter nicht bis zum Letzten auszubeuten. Wie sie bis zu ihm gelangte, wissen wir nicht, ebenso wenig, wie das Gespräch genau verlief und wie sie ihn überzeugte. Nur das Ergebnis ist bekannt: Helga erhielt eine Bestätigung, sie sei bei der Feldarbeit unersetzlich und deshalb nicht zu deportieren. Zu diesem Zeitpunkt befanden sich nur mehr wenige Menschen im Lager. Einige Tage später, am 28. Oktober 1944, verließ der letzte Zug Theresienstadt Richtung Auschwitz.

*

Fragt man Helga nach der Zeit in Theresienstadt, sagt sie, ohne ihre Mutter hätte sie nicht überlebt. Es war nicht nur Herthas Geistesgegenwart, die Helga vor der Deportation bewahrte. Hertha überließ der Tochter ihr letztes Stück Brot, wenn sie hungrig war, und sie hielt sie dazu an, auf sich zu achten. Hertha war bekanntermaßen mit einer Waschschüssel und einem transportablen Bidet nach Theresienstadt gereist und versuchte sich so sauber und gepflegt zu halten wie nur möglich. So war sie einst im Internat für Offizierstöchter erzogen worden, das gab sie nicht auf. Für die Töchter galt das selbstverständlich ebenso. Stolz erzählt Helga, dass sie eine von wenigen war, die nie Läuse hatte, ein gefährliches Ungeziefer, das Fleckfieber übertrug. Gegen Bettwanzen war selbst sie machtlos. Reinigte man die Holzpritschen mit kochendem Wasser, hatte man einige Tage Ruhe, doch wenig später waren sie wieder da.

Denke ich an Helga, rieche ich sie, eine Mischung aus leicht parfümierter Hautcreme, Babypuder und Zahnpasta. Sie gab dieses Hygienebewusstsein, das Erbe ihrer Mutter, weiter. »Wie oft wechselst du dein Bettzeug?«, will sie von mir wissen, als ich wieder in Wien lebe und nach den ersten Monaten, die ich bei meinen Eltern verbracht habe, in eine eigene Wohnung gezogen bin. »Schon jede Woche, oder?« Ich druckse herum. Kommt drauf an. Sie blickt streng, ich versuche abzulenken: Im College gab es Kommilitonen, die haben das ganze Trimester ihre Bettwäsche nicht gewechselt. Helga verzieht die Nase, wechselt das Thema.

Als wir Enkelkinder so klein waren, dass wir zu dritt oder viert in eine Badewanne passten, wachte Helga über das abendliche Ritual. »Wann hast du dich zuletzt hinter den Ohren gewaschen?«, fragte sie. Egal, wie die Antwort lautete, sie verlangte zu kontrollieren und tat entrüstet über das Ergebnis. Und wie dreckig der Hals erst sei! Sie nahm einen Waschlappen, seifte ihn ein und schrubbte uns ab.

Die Beziehung zwischen Helga und ihrer Mutter Hertha war eng. Konflikte gab es dennoch ständig, bis ins hohe Alter. Im Lager war Helga für Hertha der wichtigste Mensch: »Du bist ja doch derjenige, der mir die Mutter, den Mann, die Freundin ersetzen muss«, schreibt Hertha in einem Brief, den sie ihrer Tochter zum 15. Geburtstag im Februar 1944 gibt. Dass sie mit Helga oft schimpfe, räumt sie ein. Das tue sie aber nur, weil sie von anderen gerügt werde, wenn sie die Tochter nicht erziehe. Ich habe gelesen, dass in Theresienstadt ein förmlicher

Umgangston herrschte. Es war unter den österreichischen und deutschen Juden üblich, sich zu siezen und mit den akademischen Titeln anzusprechen. Hertha stand unter enormem Druck. Sie sorgte sich um die Zukunft ihrer Kinder, die Gerüchte über das Schicksal der Deportierten belasteten ohnehin. Und wo es mehr auszuhalten gibt, wird mehr gestritten, denn Angst und Unsicherheit zerren an den Nerven. Ein wenig half ihr, dass sie Kontakt zur Außenwelt hielt: Immer wieder trafen Briefe und kleine Pakete von ihrem Vater und dessen Ehefrau aus Wien ein. Auch ihr Mann, Paul, hatte regelmäßig Karten aus dem italienischen Lager geschrieben, doch seit Mitte 1944 gab es keine Nachrichten mehr von ihm. Auch gemeinsame Bekannte in Wien wussten nichts.

PEPI

Auf die wichtigste Frage finde ich keine Antwort. Ich lese Hansis Aufzeichnungen, höre ein Interview, das er einer Historikerin Ende der achtziger Jahre gab, frage meine Großmutter, meine Tante und Verwandte, mit denen Hansi und Pepi viel Zeit verbracht haben. Doch wie die Freundschaft zwischen Josef Feldner, von allen Pepi genannt, und der Familie Bustin zustande kam, erfahre ich nicht. Eine Verbindung vermag ich zu rekonstruieren: Pepi arbeitete zwischen 1921 und 1938 als Schularzt an Wiener Mittel- und Sonderschulen, darunter auch am Gymnasium in der Radetzkystraße im dritten Bezirk, das mein Großvater Hansi als Zehnjähriger für ein Dreivierteljahr besuchte, ehe er im Mai 1936 austrat.

Josef Feldner wurde 1887 in Wien geboren und stammte aus einer liberal-katholischen Kaufmannsfamilie, er hatte Medizin studiert und arbeitete an der heilpädagogischen Station der Kinder-Universitätsklinik. Dort verbrachte man viel Zeit damit, die sogenannten »geistig abnormen« Kinder zu beobachten und ihre Fälle zu diskutieren. Pepi arbeitete auch als Schularzt, um Kinder und Jugendliche aus verschiedenen sozialen Schichten zu sehen. Für Pepi war abnormales Verhalten ein »Steckenbleiben« der Entwicklung, von dem sich die Kinder selbst heilen konnten, indem man ihnen zuhörte und die richtigen Fragen stellte.

Ich vermute, Hansi und Pepi lernten sich in der Schule kennen. Ein interessanter Fall? Widerwillig, intelligent, unausgeglichen, voller Energie. Womöglich besuchte er Hansi zuhause, begegnete den Eltern und dem jüngeren Bruder, beriet sie, als sie den Schulwechsel diskutierten, und erkundigte sich danach immer wieder nach Hansis Fortgang. Das würde zu Pepis Arbeitsweise passen, die der bekannte Kinderarzt Hans Asperger 1962, anlässlich von Pepis 75. Geburtstag, so beschrieb: »Er kennt alle diese kindlichen Persönlichkeiten in intimsten Einzelheiten, verfolgt sie durch alle die Jahre, er nimmt regelmäßig an den Konferenzen an den Mittelschulen teil und kämpft für die Kinder, findet oft in hoffnungslosen Fällen einen Weg.« Er gehe »seinen Fällen unermüdlich nach, Jahr um Jahr, in Recherchen in den Familien (wer so wie er zu fragen versteht, dem öffnet sich jede Tür), er folgt den Burschen auf ihren Wegen, manchmal auf sehr dunklen ...«

Pepi hatte vier Brüder und zwei Schwestern, gemeinsam mit jüdischen und nichtjüdischen Freunden bildeten sie in der Zwischenkriegszeit einen intellektuellen Zirkel. Einigkeit herrschte unter den Geschwistern, dass sie gegen Hitler und die Nazis waren. In den ersten Kriegsmonaten, als sich die Lage für die Juden in Wien dramatisch verschlechterte, besuchte Pepi jüdische Bekannte und verteilte Kartoffeln, die er in seiner Aktentasche versteckte, erzählt Hansi. Auch bei der Familie Bustin kam er vorbei. Freundschaft mit Juden, das bedeutete die Androhung von mehrmonatiger Haft im Konzentrationslager.

Ab 1941 verschwanden die jüdischen Familien nach und nach auf Transporten in die »Ostgebiete«. Hansis Familie zählte zu den letzten verbliebenen. Als Erzieher bei der Gemeinde angestellt, zuletzt in einem Waisenhaus, galt mein Urgroßvater als »unentbehrlich« und wurde wiederholt zurückgestellt – bis Mitte 1942 die Waisenkinder deportiert wurden. Im September erhielt die Familie die berüchtigte gelbe Postkarte. Weder bei Hansi noch bei meiner Großmutter Helga habe ich dieses

Schreiben gefunden. Es gebe nur mehr sehr wenige, erklärt mir der Kurator einer Ausstellung über Sammellager, in der eine solche Karte gezeigt wird. Absender ist die Zentralstelle für jüdische Auswanderung: »Sie haben sich am ...... um ...... mit Ihren Angehörigen ...... und Handgepäck mit Höchstgewicht von 50 kg pro Person in der Schule Wien II., Kleine Sperlgasse 2a einzufinden. Bei Nichterscheinen erfolgt polizeiliche Vorführung.«

Gab es einen Ausweg? Alle Versuche auszureisen waren gescheitert. Seit die Vereinigten Staaten im Dezember 1941 in den Krieg eingetreten waren, war die Hoffnung dahin, einen Quotenplatz zu erhalten. Keine Nachricht von Frieda, Rosas Zwillingsschwester, die seit November 1939 in den USA lebte, und der älteren Schwester Sophie, die wenige Wochen zuvor nach Minsk verschleppt worden war. In dieser Lage fand Pepi die Familie vor.

Hatte sich Pepi das Angebot bereits vorher überlegt, oder entschied er sich spontan? Mochte er Hansi, weil er in ihm eine verwandte Seele sah, oder war es der pure Zufall, dass er den Vorschlag gerade Hansis Eltern machte und nicht einer anderen jüdischen Familie? Der Krieg, erklärte Pepi meinen Urgroßeltern, könne nicht mehr lange dauern. Er hörte heimlich britisches Radio, wusste, dass die Wehrmacht im Winter die ersten Niederlagen in der Sowjetunion erlitten hatte und die Royal Air Force deutsche Städte bombardierte. Die Eltern sollten sich im Sammellager melden; die beiden Buben, vierzehn und sechzehn Jahre alt, würde er zu sich nehmen. Pepi war unverheiratet, in seiner Wohnung in der Neubaugasse im siebenten Wiener Bezirk gab es Platz. Bald, in ein paar Monaten, sei alles vorbei, und sie würden wieder beisammen sein.

Die Eltern waren unentschlossen. Zwei Verwandte waren vor wenigen Monaten verhaftet worden, weil sie versucht hatten, als

»Arier« unterzutauchen. Sie wurden sofort deportiert, und man hatte seither nichts von ihnen gehört. Bestimmt drohte ihnen eine harte Strafe, ein Schicksal, das die Söhne nicht teilen sollten. Und was erwartete sie in Theresienstadt? »Aus dem Lager waren zensurierte Postkarten nach Wien gekommen, ja, man konnte sogar Pakete nach Theresienstadt schicken. Es konnte daher nicht so furchtbar sein, dorthin zu fahren«, schreibt Hansi. »Die Situation war in Wien bereits so schlecht, dass man dachte, eine Übersiedlung könnte nur eine Verbesserung bringen.« Würde man nach den Burschen suchen, wenn sich die Eltern ohne sie im Sammellager meldeten? Und wie sollte Pepi für zwei Heranwachsende sorgen?

Auch Hansi kann in seinen Aufzeichnungen nur Vermutungen darüber anstellen, welche Gedanken seinen Eltern damals durch den Kopf gingen. Darüber wurde mit ihm nicht diskutiert, und er erfuhr nie, wie sie zu ihrem Entschluss kamen, den er eine salomonische Lösung nennt: Den jüngeren Sohn nahmen sie mit, der ältere blieb da. »Man wusste wirklich nicht, wer von uns den gefährlicheren Teil erwählen würde.« Vielleicht trauten sie ihm eher zu, den Anforderungen des Lebens als U-Boot gewachsen zu sein. Er hatte sich schließlich nie an Regeln gehalten.

Am 28. September 1942 um zehn Uhr morgens ist die Wohnung in der Konradgasse im zweiten Wiener Bezirk still und leer. Siebzehn Menschen haben sich hier dreieinhalb Zimmer geteilt, nach und nach sind sie alle deportiert worden. Im Zimmer stehen nur noch die gepackten Koffer von Moritz, Rosa und Herbert, mit weißer Ölfarbe haben sie ihre Namen und die Adresse darauf geschrieben. Hansi hat seine Sachen, die wenigen verbliebenen Besitztümer der Familie, Fotos und einige Zeichnungen seines Bruders schon in den Tagen zuvor in Pepis Wohnung gebracht. »Für einen gefühlsbetonten Abschied waren alle viel zu aufgeregt. Ich, weil ich nicht wusste, was mich bei Pepi erwarten würde, und meine Eltern in Aufregung mit ihren Koffern und dem endgültigen Abtransport in eine ungewisse Zukunft. Im letzten Moment ging alles sehr schnell. Es blieb plötzlich nur noch Zeit für eine kurze Umarmung, ein kurzes Viel-Glück-Wünschen und schon war ich auf der Straße.« Im Haustor nimmt Hansi die Sakkotasche mit dem gelben Stern ab. Dann biegt er ums Eck auf die Taborstraße, steigt in die Straßenbahn und fährt zu Pepi.

*

Als ich das Tagebuch der Anne Frank las, verglich ich, was ich über Hansis Zeit als U-Boot wusste, mit der Situation des deutschen Mädchens, das zwei Jahre in einem Amsterdamer Hinterhaus verborgen lebte. Der Zugang zu Annes Versteck befand sich hinter einem drehbaren Bücherregal; um zu Hansi zu gelangen, musste man lediglich an der Haustür des Gründerzeithauses in der Neubaugasse läuten. Pepis Wohnung lag im zweiten Stock. Anne verließ die engen Zimmer nie, Hansi dagegen war dauernd unterwegs. Was bedeutete »normal« für das Schicksal jüdischer Untergetauchter?

In Österreich haben etwa tausend Menschen den Krieg in Verstecken überlebt, in Deutschland waren es zirka fünftausend. Aus ihren Berichten geht hervor, dass das tatsächliche Verbergen, wie es Anne Frank und ihre Familie tun mussten, selten war. Häufiger war der Wechsel der Identität, weshalb man von Menschen weiß, die dank falscher Papiere überleben konnten. Viele mussten oft den Unterschlupf wechseln, weil ein zu langer Aufenthalt zu gefährlich war. Eine Überlebende berichtet von 22 verschiedenen Unterkünften in zwei Jahren, eine andere von mehr als sechzig Nächtigungsplätzen, darunter abgestellte Schnellbahnzüge und leere Keller. Hansi zählte zu den raren Ausnahmen: Der Siebzehnjährige war so lange in der Neubaugasse, dass sich ein alltägliches Leben entwickelte.

Stand er am späten Morgen auf, bereitete er sich zunächst einen Tee aus getrockneten Apfelschalen und Kräutern. Kramperltee nannte man den. Dann lauschte er an der Wohnungstür. Mit den anderen Hausbewohnern hatte er Glück. Die Hausmeisterin war alt und sah schlecht, sie verließ ihre Wohnung selten und hatte das damals übliche Überwachungsfenster zum Hausflur stets verhängt. Ein oder zwei Nachbarn waren Parteimitglieder, galten aber nicht als fanatische Nazis. Mit der Inhaberin des Lebensmittelgeschäfts, das sich im Erdgeschoß befand, war Pepi befreundet. Dennoch vermied Hansi so weit wie möglich Begegnungen und wagte sich nur aus der Wohnung, wenn niemand im Stiegenhaus zu hören war. Traf er dennoch auf Nachbarn oder Besucher, huschte er grußlos vorbei. In der Großstadt fiel das nicht so auf. Der Krieg, der Mangel an Lebensmitteln und die Sorge um die Männer an der Front trieb die Menschen um, schreibt Hansi.

Die Vormittage verbrachte er in einer Leihbibliothek in der Burggasse. Pepi habe eher selten Romane gelesen, schreibt Hansi, Empfehlungen waren von ihm keine zu erwarten. Also las Hansi deutsche Blut-und-Boden-Literatur, Frauenromane, Friedrich Schiller, Wildwestgeschichten. Haben dir die Bücher gefallen?, möchte ich ihn gerne fragen. Wahrscheinlich wäre seine Antwort ähnlich wie die meiner Großmutter: Ich hatte keine Wahl.

Beide blieben sie für immer leidenschaftliche Leser. In ihrer Wohnung sind die Regale bis an die Decke mit einer bunten Mischung von Büchern vollgestopft, die Klassiker der deutschsprachigen Literatur neben zerfledderten Kriminalromanen, medizinische Fachbücher neben historischen Bänden über die Kriege des 20. Jahrhunderts. Auf Hansis Nachtkästchen stapelten sich stets Bücher und Zeitschriften, manchmal einen halben Meter hoch.

Zum Mittagessen trafen sich Hansi und Pepi in einem der nahen Gasthäuser. Weil Hansi keine Lebensmittelkarten erhielt, nutzte er die sogenannten Stammgerichte. Seit 1939 mussten Lokale ein Gericht auf der Karte führen, das markenfrei erhältlich war. Meistens war das wässrige Suppe, eine Futterrübe oder Kartoffel in Kräutersoße, doch wenn er nacheinander in mehreren Lokalen aß, wurde Hansi halbwegs satt. Anschließend gingen die beiden nachhause und hielten Mittagsschlaf. Die Wohnung in Ordnung zu halten war Hansis Aufgabe, die er an den Nachmittagen erledigte. Die Kleidung wusch er in einem großen Topf auf dem Gasherd und schwemmte sie in der Badewanne aus. Beinahe täglich galt es, Socken zu stopfen, weil das Garn so schlecht war und schnell riss.

Wie kam Hansi überhaupt an neue Kleidung, ohne Kleidermarken? Litt er wegen der schlechten Ernährung an Mangelerscheinungen? Wurde er jemals ernsthaft krank? Die Armut, in der sie lebten, kommt in Hansis Aufzeichnungen nie direkt vor. Stattdessen schreibt er, dass fast alle Menschen unter den Entbehrungen litten.

An den Nachmittagen braute Hansi eine Kanne Kramperltee und setzte sich zu Pepi an den Esstisch. Mit ihm konnte er reden wie mit sonst niemandem. Dabei sprach Pepi nie viel. Er stellte die richtigen Fragen und hörte aufmerksam zu, während er sein Gegenüber mit seinem ernsten Blick fixierte.

Sie diskutierten zum Beispiel über Religion. Pepi hatte als 22-Jähriger ein halbes Jahr in einem Priesterseminar verbracht, sehr zum Erstaunen seiner katholischen, aber wenig religiösen Familie. Die Idee war ihm plötzlich gekommen; was ihn daran fasziniert hatte, konnte er später nicht mehr so recht erklären. Auch an das Zölibat mochte sich Pepi nicht gewöhnen. Abends machte er sich ungesehen davon und traf Frauen, den Talar mit Sicherheitsnadeln unter dem Mantel hochgesteckt. Als sein heimlicher Besuch bei Prostituierten im Wiener Prater aufflog, verließ Pepi das Seminar.

Pepi wurde zum Atheisten und brachte Hansi dazu, darüber nachzudenken, was Religion für ihn bedeutete. Dazu Hansi: »Wie ich in den ersten Diskussionen meine Vorstellungsfragmente darüber zusammenkramte, wurde ich nicht als naiv belächelt. Das war einfach nicht Pepis Art, jemanden als Dummen und Unwissenden abzutun.« Hansis Familie hatte sowohl die wichtigen jüdischen als auch die christlichen Feiertage begangen, mit wenig Hingabe, aber auch ohne die Traditionen zu hinterfragen. Mit dem »Anschluss« war das Judentum zu etwas geworden, dessentwegen sie verfolgt wurden; Rituale verloren im Kampf um die Existenz ihre Bedeutung. An eine Bar-Mizwa für Hansi, als er im Oktober 1938 dreizehn Jahre alt wurde, dachte niemand mehr.

Gibt es einen Gott? »Langsam wurde aus meinem kindlichen Weltbild, in dem Gott noch ein würdiger, älterer Herr mit weiß gelocktem, langem Bart war, der über die ihn anflehenden Gläubigen seine gebende und schützende Hand hielt, ein naturwissenschaftliches, deterministisches Gebäude, in dem Gebete oder Riten höchstens den Stellenwert von meditativen oder relaxierenden Übungen für einfache Gemüter bekamen.« Das Judentum, schreibt Hansi später, sei für ihn ein »genetischer Pool«, aus dem er offenbar den Großteil seiner Gene bezogen hatte. »Dass viele dessen Angehöriger an der Fiktion eines jüdischen Gottes festhalten, kann doch für mich keine Verpflichtung darstellen, dasselbe zu tun.«

Am liebsten hatte es Hansi, wenn Pepi aus dem Lazarett berichtete. Pepi hatte sich 1941 freiwillig zur Wehrmacht gemeldet und arbeitete in den Kriegsjahren in zwei verschiedenen Wiener Reservelazaretten, in dem verwundete Soldaten behandelt wurden, die bereits außer Lebensgefahr waren. Was wollte der überzeugte Kriegs- und Nazigegner Pepi bei der Wehrmacht? Sie galt als guter Ort für Regimegegner, da das Politische nicht zählte, solange man keine Karriere machen wollte. Pepi, beliebt bei seinen Kollegen, versah dort unauffällig seine Vormittagsdienste. Hier gelang es ihm auch, an ein leeres Soldbuch zu kommen, mit dem er Hansi eine falsche Identität verschaffen wollte. Da die Polizei ständig nach Deserteuren suchte, war Hansi als junger, offensichtlich gesunder Mann besonders gefährdet; Juden vermutete man kaum mehr in Wien.

Pepi und Hansi vermochten es jedoch nicht, das Dokument mit korrekten Stempeln zu versehen. Hansi hatte das leere Soldbuch trotzdem immer in seiner Brusttasche; zwischen die Seiten hatte er Pfeffer gestreut. Sein Versuch der Selbstverteidigung rührt mich, scheint mir fast symbolisch für den unfairen Kampf gegen das Regime, den Hansi und Pepi austrugen – mit Pfeffer als Waffe.

Hansi interessierte sich für die medizinischen Fälle, die Pepi so erklärte, dass er sie verstand. Pepi nahm ihn ernst, und Hansi lernte, ohne es zu merken. »Pepi ließ aus allen Wissensgebieten Informationen in bunter Folge in mich hineinfließen«, beschreibt er es später. »Er hat mich kontinuierlich auf eine sehr unaufdringliche Art belehrt. Ich hatte ja fast keine Schulbildung. Jedes Fremdwort, ob lateinischen oder griechischen Ursprungs, wurde zerlegt und in seiner Bedeutung erklärt. Mein intellektuelles Leben begann in der Neubaugasse bei Pepi.«

Irgendwann, so schien es, stieß er an eine Grenze. Es fehlte an Anschauungsmaterial. Hansi musste sehen, wie es in einem Lazarett zuging. Was tun? Pepi nahm ihn kurzerhand mit, stellte ihn als Assistenzarzt vor und ließ ihn bei seinen Visiten mitgehen und sogar mithelfen. »Fühlen Sie bitte den Puls, Herr

Kollege.« Pepi tat das mit solch innerer Ruhe und Selbstverständlichkeit, dass niemand Verdacht schöpfte, wer der blutjunge neue Kollege war, der neuerdings im Lazarett erschien.

Eine Zeitlang besuchte Hansi auch Psychologie-Vorlesungen an der Universität Wien. Pepi kannte den Professor und vertraute sich ihm an. Wie lange Hansi dort hinging, welche Ausrede er sich zurechtgelegt hatte für den Fall, dass jemand ihn nach seinem Studentenausweis fragte, ob es ihm Spaß machte – Antworten auf diese Fragen fehlen in Hansis Aufzeichnungen.

*

Warum hat dieser Mann mich gerettet? Diese Frage beschäftigte Hansi sein Leben lang. Eine schlüssige Antwort darauf finde ich in Hansis biografischen Notizen nicht, aber einige Hinweise. Etwa, dass Pepi reale Gefahren oft ausblendete. Nach dem Abschluss seines Medizinstudiums 1915 musste Pepi an die italienische Front. Dort machte ihm die Läuseplage so zu schaffen, dass er für sich und seine Kameraden ein heißes Bad beschaffte – unter Dauerbeschuss. Als ihm später eine Tapferkeitsmedaille verliehen wurde, scherzte er, sie wegen eines Dampfbads erhalten zu haben.

Seine Arbeit war Pepi immer wichtiger als sein Einkommen und Ansehen. Der Wiener Arzt Hans Asperger, der später für die Beschreibung der nach ihm benannten Entwicklungsstörung weltweit bekannt werden sollte, bezeichnete Pepi als wichtigen Lehrer, dessen Aussehen und Auftreten ihm imponierten: Pepi war fast zwei Meter groß, hager, hatte ein schmales Gesicht und helle Augen mit einem »ungemein eindringlichen Blick«. »Ich war, 1931, als junger Hilfsarzt an der Infektstation der Kinderklinik tätig, als ich ihn zum ersten Mal sah«, schrieb Asperger zu Pepis 75. Geburtstag. »Ein Kind war aufgenommen, das sich selber Dutzende von Nadeln unter die Haut gestochen

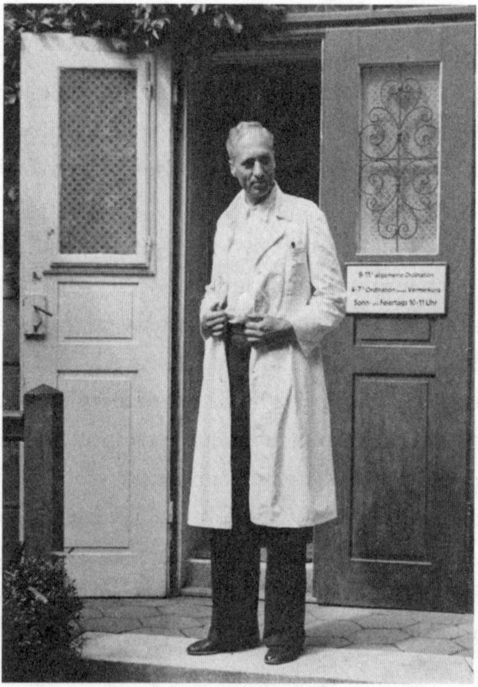

Josef Feldner, dreißiger Jahre

hatte, wie man zufällig bei einer Untersuchung entdeckt hatte. Feldner kam, um das Kind zu sehen.« Asperger hatte bereits eine Erklärung vorbereitet, um Pepi zu beeindrucken. »Diese vorgefasste Meinung aber wurde von ihm durch wenige Fragen an den Buben (man war verblüfft, wie unstereotyp und wie aufschlussreich einer fragen konnte, so ganz anders als nach dem eingelernten psychiatrischen Schema) und durch Hinweise auf das Aussehen und das Gehaben des Buben hinweggeräumt. Sehr nachdenklich ließ er einen zurück.«

Pepi nahm zwar an den wöchentlichen Gesprächsrunden an der Kinderklinik teil, in denen besondere Fälle diskutiert wurden, doch war er dort nie fest angestellt, sondern arbeitete ehrenamtlich. Er lebte hauptsächlich von den schlecht bezahlten Stellen als Schularzt. Es machte ihm nichts aus, nur abgetragene Kleidung zu besitzen und, wenn das Geld knapp war, für Wochen Sterz zu essen. Er konnte Schmerzen lange ignorieren, ging etwa über Tage mit einem herausstehenden Nagel im Schuh, bis sich eine Fleischwunde gebildet hatte.

Über die Jahrzehnte sammelte Pepi genaue Notizen zu etwa 20 000 von ihm untersuchten Patienten, publizierte aber wenig und wurde nie zu einem anerkannten Wissenschaftler. Erst 1955 sollte er sein einziges Buch veröffentlichen, »Entwicklungspsychiatrie des Kindes: Aufbau und Zerfall der Persönlichkeit«. Ein violetter Plastikwäschekorb, bis zum Rand mit staubigen Papiermappen gefüllt, enthält Pepis Lebenswerk. Er steht im untersten Fach einer Kommode in der Wohnung meiner Großeltern. Ich zerre ihn heraus, schlage die oberste Mappe auf. Es sind Krankengeschichten und Dokumente der von ihm betreuten Kinder und Jugendlichen, die heute wohl sehr alt oder gar nicht mehr am Leben sind. Kurz denke ich darüber nach, ob ich den Schicksalen der Patienten von damals nachgehen soll. Ob sie sich an Pepi erinnern? Dann verwerfe ich diesen Plan. In seinem Testament hat er ausdrücklich erwähnt, dass seine Papiere dem Arztgeheimnis unterliegen.

Als Pepi schließlich eine eigene Ordination führte, fand er immer weniger Zeit für seine Aufzeichnungen – und soll deshalb sein Türschild mit »der kann nichts« beschriftet haben, erzählt ein Verwandter. Diese Geschichte passt zu dem Bild, das nach und nach von Pepi entsteht. Pepi war ein Einzelgänger, scheu und still, er blieb sein Leben lang unverheiratet. Mit den Frauen, die ihn stets umwarben, teilte er gerne das Bett, aus seinen Affären entwickelten sich jedoch nie ernsthafte Beziehungen.

Bei Hansi lese ich, dass Pepi ein eigenartiges Verhältnis zu Risiko hatte. Gerne besuchte er Spielkasinos. Es gab allerdings jahrelange Pausen zwischen seinen Besuchen. Hatte ihn die Lust einmal gepackt, war er oft täglich dort, spielte mit hohen Einsätzen an mehreren Tischen gleichzeitig und hastete aufgeregt auf und ab. Dabei vergaß er bisweilen, wo er wie viel gesetzt hatte, sodass ihm die Croupiers halfen. Pepis Besuche waren meist kurz; selten blieb er länger als eine halbe Stunde. Einmal kam Pepi ins Kasino, weil er Geld benötigte, um Schinken auf dem Schwarzmarkt zu bezahlen. Der kostete drei Monatsgehälter, rund 600 Reichsmark. Pepi hatte zugesagt, am nächsten Tag zu zahlen, und war mit seiner verbliebenen Barschaft, 100 Reichsmark, ins Kasino nach Baden gefahren. Wenig später hatte er 600 Reichsmark gewonnen und kehrte damit zurück nach Wien. »Es ist mir dies besonders in Erinnerung geblieben, weil es zu unserer gesamten, sich über die Jahre hinziehenden Glückssträhne passte«, schreibt Hansi. »Ich kann die Frage nicht beantworten, was Pepi getan hätte, hätte er die hundert Mark verspielt.«

Hansi erzählt auch von Pepis unerschütterlichem Optimismus, von dem er sich anstecken ließ. Mehrmals am Tag hörten sie den deutschen Dienst der BBC. Die Köpfe an das Radiogerät gepresst, verfolgten sie den Verlauf der Frontlinien, lauschten Thomas Manns Stimme und erfuhren vom Widerstand in den besetzten Ländern. Pepi zweifelte nie an dem, was er zu Hansis Vater im Sommer 1942 gesagt hatte: In zwei Monaten würde der Krieg zu Ende sein.

Pepi hatte keine Feinde, schreibt Hansi, niemanden, der ihm Böses wünschte. Seine Wirkung auf andere war positiv: Die zurückhaltende, selbstironische Art und seine Gabe, den anderen aufmerksam zuzuhören, hatten zur Folge, dass unbekannte Menschen ihm intime Details aus ihrem Leben anvertrauten. Vielen erging es wie dem Buben aus der Kinderklinik mit den Nadeln unter der Haut.

Aus seiner Ablehnung gegenüber Hitler machte Pepi kein Geheimnis. Hansi schreibt, dass etwa hundert Menschen aus Pepis Bekanntenkreis über ihn Bescheid wussten. Die hohe Zahl wundert mich sehr. Historiker schätzen, dass durchschnittlich sieben Menschen an der Rettung eines einzelnen Juden beteiligt waren. Auch Pepi hätte Hansi nicht allein retten können. Familie, Freunde und Bekannte, die mit dem NS-Regime unzufrieden waren, aber selbst nicht wagten, sich in Gefahr zu bringen, unterstützten ihn mit Lebensmitteln, Geschenken und vor allem ihrem Schweigen: Sie waren dankbar, dass er ermöglichte, ihr Gewissen zu beruhigen.

Es gab ein befreundetes Ehepaar, das in einer Dachgeschoßwohnung in der Nähe des Naschmarkts im sechsten Wiener Bezirk lebte. Der Mann hatte bis zum »Anschluss« den christlichen Ständestaat unterstützt und war nach der Machtübernahme der Nazis ein Jahr im Gefängnis gesessen, in dem er sich mit jüdischen Zellengenossen angefreundet hatte. Nach seiner Freilassung arbeitete er als Buchhalter in einer Eisenhandlung. Der einzige Sohn wurde zur Wehrmacht eingezogen und bald darauf als vermisst gemeldet. Mehrmals im Monat waren Hansi und Pepi bei ihnen zu Besuch. Dort bekamen sie rationierte Güter, die sie auf dem Schwarzmarkt tauschen konnten. Oft blieben Hansi und Pepi bis spätnachts bei ihnen, und damit die Eheleute zum Absperren nicht hinuntersteigen mussten, vertrauten sie ihnen einen Haustorschlüssel an.

Die Inhaberin des Lebensmittelgeschäfts, das sich im Gassenlokal des Hauses in der Neubaugasse befand, zählte ebenfalls zu den Freunden. Nach der Landung der Alliierten in der Normandie im Sommer 1944 beschloss Pepi, ein Festmahl zu bereiten. Er betrat den Laden und rief aufgeregt durch den Raum: »Im Englandsender haben sie gesagt –« Der Blick der Besitzerin, die plötzliche Stille ließen ihn verstummen. Auf Feindsender-Hören stand Zuchthaus, auf die Verbreitung solcher Nachrichten die Todesstrafe. Doch niemand zeigte Pepi an.

Pepi war ein Einzelgänger, aber kein einsamer Mensch. Er unterhielt enge Beziehungen zu seinen Geschwistern. Gemeinsam hatten sie unter dem strengen Vater, der ein Großhandelshaus führte, gelitten. Als Kinder wurden sie beim Abendessen für winzige Vergehen des Tisches verwiesen, sodass sich oft alle sieben in der Küche beim Personal wiederfanden. Als Hansi Pepi kennenlernte, war dessen Vater bereits gestorben und die Mutter nach Langenzersdorf an der nördlichen Wiener Stadtgrenze gezogen. Die Geschwister fanden sich dort jeden Sonntag zur Jause ein. Pepi wollte, dass Hansi ihn begleitete und seine Familie kennenlernte. Hansi tat das gerne; die Familientreffen erinnerten ihn an seine eigene Kindheit. Außerdem gab es dort zuweilen echten Bohnenkaffee. In kleinen Schlucken schlürfte man die seltene Köstlichkeit. Nach der Jause packten die Geschwister Nahrungsmittel, die sie im Schleichhandel für Pepi und Hansi aufgetrieben hatten, in einen Rucksack.

Bei einer Sonntagsjause im Winter 1942 berichtete einer von

Pepis vier Brüdern, dass Beamte von der Gestapo sein Haus in Langenzersdorf durchsucht hatten. Sie vermuteten dort einen untergetauchten Juden. Wer hatte der Gestapo den Hinweis gegeben? Würden sie weitersuchen und entdecken, dass sie den falschen Bruder belangt hatten? Die Situation war angespannt. Sicherlich diskutierten Hansi und Pepi, was zu tun wäre, falls die Gestapo in die Wohnung in der Neubaugasse kam. Bot Hansi an, sich allein durchzuschlagen? Sah sich Pepi nach anderen Verstecken um, auf dem Dachboden oder im Keller? Vermutlich blieb Pepi auch diesmal weitgehend zuversichtlich, die Beamten seien ja sichtlich unfähig, das Ganze werde im Sand verlaufen. In seinen Aufzeichnungen erwähnt Hansi diese Episode nur kurz.

Vorsichtshalber wurde beschlossen, dass Hansi bis auf Weiteres nicht mehr zu den Familientreffen mitkommen sollte. Die Zugfahrten aus Wien waren zu gefährlich geworden. Einige Wochen zuvor waren Pepi und Hansi im Zug von einer Militärstreife kontrolliert worden. Pepi hatte den Ausweis gezückt und die Uniformierten in ein Gespräch verwickelt. Sein Neffe habe heute leider seine Papiere zuhause vergessen. Aber sie wollten den Zug nicht verpassen, weil sie sonst zu spät zum Familienessen – die Beamten winkten ab. Der junge Herr solle beim nächsten Mal halt daran denken. Heil Hitler.

Monate vergingen, Hansi blieb wachsam, die Gestapo kam nicht. War Pepi vollkommen unverdächtig? Im Österreichischen Staatsarchiv ließ ich seine Gau-Akte ausheben, seine politische Beurteilung seitens der lokalen Parteistelle. Für Stellen im öffentlichen Bereich waren solche Akten üblich. Im Frühjahr 1940 zog die Landesversicherungsanstalt Erkundungen über Pepi ein. Keine Bedenken, er sei immer national eingestellt und von besonderer Güte den Bedürftigen gegenüber. Im April 1944 bewarb sich Pepi für eine Amtsarztstelle bei der Feuerpolizei. Zwar habe er sich für die Partei nicht betätigt, aber eine gegnerische Haltung sei nicht beobachtet worden, urteilte der anonyme Gutachter. Aus politischer Sicht keine Bedenken.

*

Im Laufe der Jahre hatten Pepi und Hansi zwei Mitbewohner in der Neubaugasse: Als Hansi im September 1942 eintraf, lebte bereits Pepis Neffe Franzl dort. Franzl kam aus der Steiermark und studierte in Wien Medizin – in Wehrmachtsuniform. 1940 hatte er beim Westfeldzug gedient und wurde danach abkommandiert, sich möglichst schnell zum Arzt ausbilden zu lassen. Franzl war alles andere als ein leidenschaftlicher Soldat; lieber las er philosophische Schriften, hörte Musik von Bruckner und ging jeden Sonntag in die Kirche. Ernst und »mystisch-verklärt« sei er gewesen, heißt es in Hansis Aufzeichnungen. Seine intellektuelle Ausrichtung habe überhaupt nicht in die Zeit gepasst: »Diese Kriegszeit und Situation in der Heimat war für gewandte und kontaktfreudige Menschen richtig, die sich schnell an die verschiedensten Situationen anpassen konnten. Moralische Überzeugungen und Religion waren eher hinderlich und konnten auch zu Schwierigkeiten mit den militärischen Vorgesetzten führen. Franzl hatte nichts Kumpelhaft-Vertrauliches in seinem Wesen, konnte sicher keinen ordinären Witz erzählen und ist auch sicher mit niemandem saufen gegangen.«

Ironisch nahm Pepi, der Atheist, die Religiosität und Ernsthaftigkeit seines Neffen zur Kenntnis. Sie hatten nicht viel gemeinsam, doch Hansi und Franzl, nur wenige Jahre auseinander, verstanden sich gut. Während der pflichtbewusste Student morgens zu seinen Vorlesungen ging, schlief Hansi. Abends trafen sie sich zuhause, führten lange Gespräche und teilten Franzls Essensrationen.

Nach dem Studienabschluss musste Franzl sofort wieder

an die Front. Kurz vor Kriegsende soll Franzl in der Nähe von St. Pölten von der Roten Armee gefangen genommen worden sein. »Man hat niemals wieder etwas von ihm gehört«, schreibt Hansi.

Auch Pepis Mutter Hela wohnte eine Zeitlang in der Neubaugasse. Als sie 1943 zu altersschwach wurde, um weiter allein in ihrem Haus in Langenzersdorf zu leben, beschloss die Familie den Umzug. So war immer jemand da, der sich um sie kümmern konnte. Die Wohnung wurde zum Treffpunkt der ganzen Familie, und die Sonntagsjause fand nun hier statt. Pepis jüngerer Bruder, Kurarzt in Baden, kam oft zu Besuch. Politik interessierte ihn wenig, doch als ihm 1938 nahegelegt wurde, der Partei beizutreten, um seine Stelle zu behalten, tat er es. »Man muss sich das so richtig vorstellen«, schrieb Hansi. »Ein Offizier der deutschen Wehrmacht und außerdem Parteigenosse besucht seine Mama, die mit einem achtzehnjährigen jüdischen U-Boot zusammenwohnt.« Nach etwa zehn Monaten wurde dem Bruder die Situation zu riskant – an die Front versetzt zu werden wäre das Mindeste, was ihm gedroht hätte, wenn bekannt geworden wäre, dass er engen Kontakt mit einem untergetauchten Juden pflegte. Pepis Mutter zog zu ihm nach Baden, wo sie ein knappes Jahr später starb.

Für vier Personen war die Wohnung doch ziemlich klein. Von Konflikten zwischen ihren Bewohnern habe ich nie etwas erfahren. Auch in Hansis Notizen findet sich nichts darüber.

NEUBAUGASSE

Im Winter 1942 bekam Pepi eine Karte für eine Aufführung an der Wiener Staatsoper geschenkt und gab sie an Hansi weiter. Bei diesem ersten Opernbesuch entdeckte Hansi zweierlei: seine Liebe zur Oper und die günstigen Stehplatzkarten. Am nächsten Abend war er wieder dort, löste eine Karte um siebzig Pfennig und sah »Aida« am Geländer der vierten Galerie lehnend. Er kam wieder, oft mehrmals pro Woche. Früher hatte er sich nie dafür interessiert – auch in der Familie war niemand musikalisch gewesen –, aber Hansi war begeistert. Die Oper wurde zu einem Teil seines Alltags. Oft stellte er sich schon am Nachmittag an, um unter den Ersten zu sein, wenn die Stehplatzkassa öffnete.

Das Opernprogramm während der NS-Zeit unterschied sich kaum von den Jahren davor und danach. Neben Wagner und Beethoven waren italienische Komponisten wie Verdi und Puccini beliebt. »Madame Butterfly« und »La Bohème« sah Hansi mindestens acht Mal, sechs Mal ging er in »Tosca«, fünf Mal in »La Traviata«. Bald kannte er die Stärken und Schwächen der verschiedenen Sänger und applaudierte ihnen bei besonders gelungenen Partien, sich weit über das Geländer lehnend. Auf dem Programmzettel, den es um fünfzig Pfennig zu kaufen gab, las er die Namen nach. Dann faltete er den Zettel sorgfältig der Länge nach und ordnete ihn zuhause in eine Mappe. Gab es Umbesetzungen, besserte er das handschriftlich aus. Hatte er kein Geld für das Programm, notierte er sich Datum, Titel und die Sänger der Hauptrollen auf einem Stück Papier und legte es zu seiner Sammlung, die zu Kriegsende 117 Programmzettel umfasste.

Ich finde sie in einer grauen Papiermappe in seinem ehemaligen Arbeitszimmer. Ich schiebe die dünnen, beidseitig bedruckten Zettel in Klarsichtfolien und hefte sie, nach Datum sortiert, in einer Ringmappe ab. Als ich durch die Mappe blättere, frage ich mich, ob ich Hansis intimsten und wertvollsten Besitz dieser Jahre in den Händen halte. Die Programme kosteten fast so viel wie die Eintrittskarten selbst. Sie sind wie ein Tagebuch, ein Beweisstück seiner Existenz.

Mehr als ein Jahr, nachdem ich die Programmzettel entdeckt habe, besuche ich im Winter 2016 selbst die Wiener Staatsoper. Seit dem Musikunterricht an meinem Wiener Gymnasium habe ich mich kaum mehr für Opern interessiert. Wir mussten damals unter dem Blick des Musiklehrers in Klavierauszügen die Noten mitlesen. Er stakste durch den Raum, während aus den Lautsprechern eine Opernaufnahme schallte, und blieb dann plötzlich hinter einem der Schüler stehen. Hatte man den Finger auf der richtigen Seite oder, besser, der richtigen Notenzeile, ging er weiter.

Dann war ich in England und den Vereinigten Staaten. Nun bin ich wieder in Wien. Genauso wie ich in den jüdischen Kreisen von New York auf Unverständnis gestoßen war, wie denn meine Familie in Österreich leben konnte, höre ich nun öfters, wie unerklärlich es sei, dass ich nach drei Jahren in New York zurück nach Wien gezogen bin. Ich hatte doch eine Anstellung, noch dazu im Journalismus, und ein Arbeitsvisum! Ich druckse herum, spare beim Vergleichen der Städte nicht mit Klischees (»die Lebensqualität ist in Wien einfach höher«, »in New York geht alles so schnell«), erzähle mal von der unnachgiebigen Vermieterin, die sich weigerte, im Winter die Heizung höher zu drehen, mal von meiner Redakteursstelle bei einer jüdischen Wochenzeitung (»es war meistens super, aber will man immer über diese Themen schreiben?«), mal von der Zeitverschiebung, die es schwierig machte, unter der Woche mit Freunden und Familie in Europa zu telefonieren. Ich erzähle, dass ich an diesem Buch arbeite und nahe an den Schauplätzen sein will, über die ich schreibe. Ich gebe ungenaue Antworten wie zuvor in New York, wenn ich gefragt wurde, warum sich meine Großeltern entschieden hatten, ihr Leben auch nach dem Krieg in Wien zu verbringen. Diesmal sind es allerdings Ausreden. Ich weiß die Antwort, aber ich schäme mich dafür: In New York war ich so einsam wie nie zuvor. Dabei war es dort nicht schwierig, sich zu beschäftigen und ständig neue Menschen kennenzulernen. Ich gewöhnte mich sogar daran, öfters allein zu essen. Aber meine Familie, mit der ich aufgewachsen war, fehlte mir.

Von den Stehplätzen auf dem obersten Rang der Wiener Staatsoper habe ich den Zuschauerraum im Blick. Musikliebhaber schätzen die Akustik hier oben. Vielleicht zählte beides zu den Gründen, warum Hansi gerne hier war. Die Stehplätze im Parterre kosteten zudem etwas mehr, eine Reichsmark statt siebzig Pfennig.

Wie gefährlich waren die Opernbesuche für Hansi? Unauffällig zu entkommen wäre hier nicht möglich gewesen. Mein Großvater schreibt, dass er in der Oper nie kontrolliert wurde. Hatte Hansi das Glück, bei Razzien zufällig nicht da zu sein, oder gab es in der Oper keine Kontrollen? Die Polizei führte an allen möglichen Orten Ausweiskontrollen durch, bei denen das gesamte Areal abgesperrt wurde. Häufig in Kinos, weshalb Hansi sie mied. Und in der Oper? Hansi schreibt, dass viele Veranstaltungen exklusiv für verschiedene NS-Organisationen waren und nur Stehplatzkarten zum freien Verkauf standen. Im

Zuschauerraum wimmelte es von Uniformierten. Vielleicht sahen die Behörden deshalb von Razzien ab.

Die Ouvertüre der »Zauberflöte« setzt ein. Um mich herum sind viele Touristen. Ich erkenne vertraute Melodien und bin dem ungeliebten Musiklehrer dankbar, dass wir Opern wie diese hörten und er uns erklärte, dass die Musik Teil der Wiener Geschichte und Kultur sei. Ich gehöre zu Wien, also gehört die Musik zu mir, denke ich und vermute, dass Hansi Ähnliches spürte. Das Verbot für Juden, Theater, Kinos und Konzerte zu besuchen, kam am 12. November 1938. Der Ausschluss vom Kulturleben bedeutete, nicht mehr Teil eines verbindenden großen Ganzen zu sein. In der Oper gehörte Hansi weiter dazu. Die »Zauberflöte« sah er zwei Mal, am 10. Mai 1943 und ziemlich genau ein Jahr später, am 14. Mai 1944.

Nach einigen Wochen fielen Hansi auf der vierten Galerie mehrere andere Männer im wehrpflichtigen Alter auf, die – wie er – keine Uniform trugen. Warum hatten sie so viel Zeit für Opernbesuche? Waren unter den Stammgästen andere U-Boote? Zu fragen traute er sich nicht. »Die einzige Beziehung, die wir zueinander hatten, war über die Musik«, schreibt er. Während der Vorstellung kommentierten sie mit Blicken und Gesten den Gesang, in den Pausen sprachen sie über die Sänger, den Dirigenten und die Inszenierung. Über die eigenen Lebensumstände und alles, was außerhalb des Hauses am Ring geschah, schwiegen sie in stiller Übereinkunft.

Ein Besucher zeigte Hansi einen Trick: Bei Stammgästen schauten die Billeteure oft nicht genau hin, wenn man ihnen eine alte Stehplatzkarte vorzeigte. Auf diese Weise gelang der Einlass, auch wenn die Plätze ausverkauft waren. Und mit diesem Trick nahm er mehrmals eine von Pepis angeheirateten Cousinen mit. Tante Nina, wie sie in Hansis Aufzeichnungen heißt, lebte in Kärnten und war dort in einer NS-Frauenorganisation aktiv. 1943 kam sie über mehrere Monate regelmäßig nach Wien, um sich einer langwierigen Zahnbehandlung zu unterziehen. Sich gemeinsam mit einem jüdischen U-Boot in die Oper zu schmuggeln blieb nicht ihr einziges Vergehen: Tante Nina verehrte den jüdischen Tenor Joseph Schmidt, der Ende 1942 im Schweizer Exil gestorben war. Zwei Schallplatten mit seinen Aufnahmen hatte sie Pepi anvertraut. »Sie fürchtete, dass diese sie, bei einem eventuellen zufälligen Besuch eines Nazibonzen in ihrer Wohnung, negativ bei den Nazis belasten könnten. So hätte eines ihrer Kinder, ohne von der Gefahr zu wissen oder etwas Böses zu wollen, diese Schallplatten bei Freunden erwähnen können, was in ihren Kreisen als zu liberal-volksfremd und judenfreundlich vermerkt worden wäre«, schreibt Hansi. Kam Tante Nina nach Wien, ließ sie sich bei Pepi die Schmidt-Platten vorspielen.

Wie viele Tante Ninas es wohl gab, Menschen, die das System gleichzeitig stützten und untergruben? Beinahe jeder, meint Hansi, verstieß gegen das Gesetz, hauptsächlich, um das eigene Überleben zu sichern. Man handelte auf dem Schwarzmarkt, machte »Hamsterkäufe« auf dem Land, hörte den Englandsender. »Ich erzähle dies nur als Streiflicht für die damalige Angst vor der Staatspolizei, die selbst ihre eigenen Mitglieder hatten.«

Zu Beginn der Herbstsaison 1944 wurde im Deutschen Reich der »totale Kriegseinsatz der Kulturschaffenden« verkündet. Bis auf wenige Ausnahmen blieben Opern, Konzerthäuser und Theater geschlossen. Die Wiener Staatsoper war nun zu. Seine Bekannten von der vierten Galerie sah Hansi nie wieder. Ich weiß nicht, ob er je Anstrengungen unternahm, um sie zu finden. Kann ich das nachholen? Drei Menschen mache ich ausfindig, die zwischen 1942 und 1944 regelmäßig auf dem Stehplatz waren und noch am Leben sind, ein pensionierter Opernvizedirektor, eine Sopranistin und Gesangslehrerin, eine Autorin.

Sie sind über neunzig Jahre alt. Ich besuche sie in ihren Wohnungen in Wien und zeige ihnen ein Foto von Hansi. Nein, leider, keine Erinnerung. Die Oper war eine »innere Emigration«, erzählen sie. Auch sie sagen, dass sie dort nie kontrolliert wurden, und ja, den Trick mit dem gebrauchten Billet gab es tatsächlich. Sie verbrachten ihre Nachmittage im Vorraum der Stehplatzkassa, machten dort ihre Hausaufgaben und diskutierten über die Besetzung des Abends. »Die Oper war eine Insel des Friedens, eine intakte Welt in der Heimat«, schreibt auch Hansi. Und noch etwas bestätigen die Zeitzeugen: Unter den regelmäßigen Besuchern waren viele jüdische »Mischlinge«, die von NS-Jugendorganisationen und der Wehrmacht ausgeschlossen wurden.

*

Hansis Tage endeten mit Pepi. Der holte ihn nämlich oft von der Oper ab. Gemeinsam spazierten sie durch die verdunkelten Straßen Richtung Neubaugasse und diskutierten. Sie kannten einander inzwischen so gut, dass sie oft erahnten, was der andere sagen wollte. Spannend blieben die Gespräche trotzdem: »Ich war damals in der Phase, in der sich Jugendliche meist ohne geistige Führung mit den verschiedensten philosophischen Ideen herumplagen. Es war ein außerordentliches Vergnügen, einen sehr gescheiten Führer aus diesen vielen Irrlehren dauernd als Gesprächspartner zur Verfügung zu haben.« Und sichtlich machte es auch Pepi Spaß, schreibt Hansi: »Es muss für Pepi eine Genugtuung gewesen sein, meinen Geist mit seinen Ideen anzufüllen.«

Dass sich Hansi und Pepi gut verstanden, war eine glückliche Fügung des Schicksals. Auch hatten sie einiges gemeinsam. Schulerfahrungen zum Beispiel. Genauso wie Hansi passte Pepi nicht in das vorgegebene System. Er war zwar wissbegierig, vertiefte sich aber nur in Themen, die ihn interessierten, und vernachlässigte alles andere. Fünfmal wechselte er die Schule, bevor er schließlich in Horn im Waldviertel, knapp hundert Kilometer nordwestlich von Wien, im Jahr 1907 seine Matura ablegte. Ich sende eine E-Mail an die Direktion des Bundesgymnasiums Horn; vier Tage später erhalte ich per Post eine Kopie von Pepis Zeugnis. Einzig in Französisch wird seine Leistung als vorzüglich bewertet, sonst überwiegt die Beurteilung »genügend«. In Mathematik, Physik, Naturgeschichte und sittlichem Betragen erhält er immerhin »befriedigend«.

Sie besaßen wohl auch einen ähnlichen Sinn für Humor, waren selbstironisch, absurd, bisweilen vulgär. Schaue ich mir Fotos von Pepi an, kann ich mir nur schwer vorstellen, dass er gerne Witze zum Besten gab und ein Witzebuch führte. Er scheint nie zu lächeln. Hansi war schlagfertig, scharf – aber kein guter Erzähler von Witzen. Ein Hang zu kindlich-skurrilen Späßen wird ihm nachgesagt. Als er bereits im sechsten Lebensjahrzehnt war, holte er einen Freund vom Flughafen ab, den er seit langem nicht gesehen hatte. Zum Empfang setzte er sich, der seine Haare stets kurz zu tragen pflegte, eine schulterlange, schwarze Perücke auf und band ein buntes Stirnband darüber. Eine Sonnenbrille komplettierte die Verkleidung.

Und dann gab es die Lust an Abenteuer, die Pepi und Hansi teilten. Als sie eines Abends auf ihrem Heimweg von der Oper beinahe zuhause angelangt waren, blieb Pepi plötzlich stehen und sah sich um. Links die leere Straße, rechts die Schaufenster einer Eisenwarenhandlung. Niemand da. Im Mondlicht sah Hansi, dass Pepi auf das Firmenschild über den Fenstern zeigte, aus seiner Hosentasche eine weiße Kreide holte und sie ihm in die Hand drückte. Vor einigen Tagen hatten sie nämlich im britischen Radio gehört, dass in Deutschland Hauswände mit der Zahl 1918 beschmiert worden waren, eine Erinnerung an den letzten, verlorenen Krieg, hingemalt von Menschen, die ein Ende der Kämpfe herbeisehnten. Das konnten auch sie. Hansi stieg auf die verschränkten Arme des knapp zwei Meter großen Pepi, sodass er sich fast auf Augenhöhe des Schildes befand. In großen Lettern schrieb er dann: 1918.

Auf dem Weg zur Leihbibliothek am nächsten Morgen wechselte Hansi die Straßenseite, um die Geschäftsfront unauffällig anzusehen. Die Zahl war noch da. Einen Tag später noch immer. Und auch am nächsten Tag. Dann kam das Wochenende, die Beschriftung blieb. Pepi ärgerte sich, dass ihre Aktion offensichtlich unbemerkt geblieben war. Als sie am Montag vom Mittagessen nachhause gingen, betraten sie die Eisenwarenhandlung, Pepi verlangte kurzerhand den Inhaber, bugsierte ihn vor die Tür und zeigte diesem entrüstet die Beschriftung. Ob er denn nicht wisse, was diese Zahl bedeute … Sofort entschuldigte sich der Mann, holte eine Leiter und putzte das Schild.

Über eine Tante, die Cousine von Hansis Vater, die durch ihren nichtjüdischen Ehepartner vor der Deportation geschützt war, erhielt Hansi gelegentlich Nachrichten von seinen Eltern und seinem Bruder. Der Inhalt der Lagerpostkarten aus Theresienstadt war meist nichtssagend. Alles gut hier, es gibt viel Arbeit, wir senden euch herzliche Grüße. Anfang 1943 schrieb Hansis Vater, dass seine Frau gestorben war, an Hirnhautentzündung. Rosa, Hansis Mutter, wurde 45 Jahre alt. Sie sei schon mit angeschlagener Gesundheit deportiert worden, schreibt Hansi über den Tod seiner Mutter. Er sei froh, dass sie in einem Bett, mit ihrem Mann und dem jüngeren Sohn an der Seite, gestorben war. Zudem ist der Krankheitsverlauf bei Meningitis ein schneller; die Patienten verlieren oft das Bewusstsein. Der spätere Arzt, der den Tod medizinisch einordnet, denke ich zunächst. Dann lese ich die Stelle über den Tod meiner Urgroßmutter noch einmal. Wie konnte Hansi gewusst haben, wie der

Krankheitsverlauf von Meningitis aussah? Oder rationalisierte er das erst Jahre später? Nein, begreife ich nun: Was ich hier lese, zeigt, wie Pepi, Wissenschaftler und Optimist, den Siebzehnjährigen tröstete.

Gegen Ende des Jahres 1943 brach der Kontakt mit Hansis Vater und Bruder ab.

*

Das Gasthaus auf der Mariahilfer Straße ist voll. An diesem Mittag gibt es ein besonderes Stammgericht: Fisch. Hansi und Pepi sitzen an einem kleinen Tisch und essen langsamer als sonst, um die Mahlzeit zu genießen. Plötzlich schiebt sich Pepi den restlichen Fisch in zwei großen Bissen in den Mund. »Beeil dich ein bisserl«, sagt er zu Hansi und winkt gleichzeitig dem Kellner. Zahlen, bitte. Er klingt nervös, was ungewöhnlich ist. Hansi sieht sich im Gastraum um. Eine Polizeikontrolle? Ein unliebsamer Bekannter? Nein. »Was ist denn los?«, fragt er Pepi, doch der antwortet nicht. Inzwischen hat er gezahlt, steht nun auf, legt sich seinen Mantel über den Arm und geht quer durch das Lokal zu einem Garderobehaken. Daran hängt ein Wehrmachtsgurt, in dessen Halfter eine Pistole steckt. Der Offizier, dem der Gürtel gehört, sitzt daneben mit dem Rücken zu dem Wandhaken. Pepi nimmt den Gurt vom Haken, schnallt ihn sich über die Hose, zieht seinen Mantel an und schlendert mit gelassenem Schritt zu seinem Tisch zurück. »Gehen wir«, sagt er zu Hansi, und sie verlassen das Gasthaus.

Einige Häuser weiter biegt Pepi in ein offenes Eingangstor. Im Innenhof gibt er Hansi die Pistole und sagt, er solle schnell nachhause gehen. Den Gurt wirft er in die Mülltonne und kehrt zurück ins Gasthaus. Dort bestellt er sich eine Kleinigkeit und beobachtet, wie der Offizier verzweifelt nach seinem Gurt sucht. Sich ohne Pistole auf der Straße zu zeigen wäre peinlich, ein strenger Verweis die Folge. Jemand bringt ihm Ersatz aus der Kaserne. Man fragt die Gäste, die Kellner, den Wirt, ob sie etwas gesehen haben. Auf Pepi fällt kein Verdacht.

Pepi nahm die Pistole nie wieder in die Hand. Seit seinen Erfahrungen im Ersten Weltkrieg hatte er panische Angst vor Waffen. Das sei typisch Pepi, schreibt Hansi, dieser Widerspruch zu den Momenten des Wagemuts, die zu klugen Entscheidungen führten. Mit der Pistole sollte sich Hansi nämlich im Notfall verteidigen können. Doch zunächst war ihm das Ding auch unheimlich. Er musste lernen, damit umzugehen. Munition war am Schwarzmarkt zu erhalten, schwieriger war es, einen geeigneten Ort für Schießübungen zu finden. Pepi und Hansi beschafften sich alte Bretter und stapelten sie im Wohnzimmer. Hansi zielte auf das Holz. Drei, zwei, eins. Wenn Hansi abdrückte, ließ Pepi im Vorzimmer mehrere Kochtopfdeckel auf den Boden fallen. Das verursachte einen solchen Lärm, dass die Nachbarn die Schüsse nicht heraushörten.

Hansi trug die Pistole nun immer bei sich, auch in jener kalten, dunklen Winternacht Anfang 1945. Pepi und Hansi sind von einem Besuch bei Hansis Tante auf dem Weg nachhause. Spät, zu spät bemerken sie drei Militärpolizisten. Auf der Spitalgasse, gegenüber dem Allgemeinen Krankenhaus im neunten Wiener Bezirk, kontrollieren sie mit Taschenlampen, die um ihre Brust hängen, die Passanten. Hansi blickt sich um. Auch hinter ihnen stehen nun Polizisten. Sie sind in eine Absperrung geraten.

Pepi reagiert sofort: »Lauf entlang dem Spital um die Leut' herum.« Winkend und rufend geht er auf die Polizisten zu. Hansi nützt die Ablenkung und rennt über die Straße. Die Krankenhausmauer liegt im Mondschatten, er hastet an ihr entlang. Es ist so dunkel, dass Hansi kaum seine eigenen Füße sieht. An der nächsten Straßenecke, Alser Straße und Spitalgasse, prallt er in eine weitere Militärstreife und stürzt zu Boden. Die Polizisten wollen ihn festhalten. In der Dunkelheit entsteht ein unübersichtliches Gerangel, Hansi kann sich losreißen und rennt über die Kreuzung in die Lange Gasse, die Uniformierten ihm hinterher. Mit ihren genagelten Stiefeln und den schweren Mänteln sind sie langsamer. Er hört ihre Schritte, ihre Rufe. »Halt! Stehen bleiben!« Im Laufen zieht Hansi die Pistole, lädt und schießt in Richtung der Verfolger. Die Schritte werden leiser, Hansi hetzt weiter. Nun feuern auch die Polizisten.

An der nächsten Ecke biegt er in die Laudongasse ein und bleibt hinter einem Haustor stehen. In halber Deckung wartet er auf das Gefecht. Er lädt nach. Seine Verfolger kommen näher. Gleich sind sie da. Er ist bereit. Zu seiner großen Überraschung biegen sie aber nicht in die Laudongasse ein, sondern laufen geradeaus die Lange Gasse weiter. Dabei feuern sie ständig.

Hansi presst sich an die Hauswand, bis die Schüsse in der Ferne verhallen. Er ist schweißbedeckt und zittert am ganzen Körper. Langsam geht er die Laudongasse hinauf. Wohin? Bestimmt hat man Pepi verhaftet, weshalb es zu gefährlich wäre, in die Wohnung zurückzukehren. Außerdem merkt er bei einem Griff in seine Hosentasche, dass er beim Sturz seinen Schlüssel verloren hat. »Zum ersten Mal allein ohne Pepi. Ein unbeschreibliches Gefühl eines unwiederbringlichen Verlusts erfasste mich.« Er hat Angst.

Die Wohnung seiner Tante, woher sie gerade gekommen sind, scheint ihm ein sicherer Ort, zumindest für eine Nacht. Kurz nach Mitternacht kehrt er dorthin zurück, erzählt ihr, was geschehen ist. Hansi ist kaum zu beruhigen. Die Tante hat einige Bekannte, denen sie vertraut und die sie am nächsten Morgen fragen will, ob sie ihren Neffen für einige Zeit aufnehmen. Dann bereitet sie Hansi ein warmes Bad. Langsam lässt das Zittern nach. An Schlaf ist nicht zu denken.

Am nächsten Vormittag läutet es an der Tür. Die Tante öffnet. Es ist Pepi, er ist verschmutzt und sieht verstört aus. Er habe ihr eine traurige Mitteilung zu machen, beginnt er. Ihr gemeinsamer Freund sei letzte Nacht einem furchtbaren Unfall zum Opfer – die Tante unterbricht ihn. Meint er Hansi? Hier ist er.

Im Trubel der Schießerei in der dunklen Nacht war es niemandem aufgefallen, als sich Pepi einfach davonmachte. Nachhause konnte er nicht, weil er überzeugt war, dass man ihn aus seiner Wohnung abholen würde, sollte Hansi von der Gestapo erwischt worden sein. Deren Verhörmethoden waren bekannt. Dass Hansi die vielen Schüsse überhaupt überlebt hatte, schien Pepi unwahrscheinlich. Auf der Suche nach einem geeigneten Schlafplatz wanderte er durch das nächtliche Wien. Dann fiel ihm ein, dass er den Haustorschlüssel des befreundeten Ehepaars, das nahe des Naschmarkts wohnte, bei sich trug. Pepi übernachtete auf der Kohlenkiste im Stiegenhaus. Die Freunde wollte er nicht aufwecken.

Die Erleichterung ist groß, aber die Gefahr noch nicht vorbei. Um zu verhindern, dass Pepi wiedererkannt wird, schneidet ihm Hansi mit einer Schere den graumelierten Vollbart ab. Vorher probiert er aus, wie Pepi ein Backenbart im Stile von Kaiser Franz Joseph und der Hitlerbart stehen.

Sie beschließen, sich von der Wohnung in der Neubaugasse fernzuhalten. Die Gestapo könnte durch die eingestanzte Nummer auf Hansis verlorenem Schlüssel den Besitzer ausfindig machen. Erst als Pepi einige Tage später erfährt, dass die Schlüsselfabrik ausgebombt worden ist, kehren sie nachhause zurück.

Keine seiner Erlebnisse hat Hansi so detailliert beschrieben wie den »Pistolenraub« und das »Gefecht«. Sichtlich hat er diese Geschichten immer und immer wieder erzählt. Auch ich hatte sie schon gehört, lange bevor ich seine Aufzeichnungen las. In den vergangenen Jahren erzählte ich sie auch selbst weiter, zuletzt bei einem Workshop. In New York sollten Enkelkinder von Holocaustüberlebenden lernen, die Geschichte ihrer Großeltern vor Schulklassen zu präsentieren. Neugierig nahm ich teil. Drei Abende verbrachten wir im glänzenden Konferenzraum eines Bürohochhauses in Manhattan, tranken Saft aus Plastikbechern und erzählten einander unsere Familiengeschichten. Wir lernten, eine Anekdote auszuwählen und diese zu erzählen. Dabei sollten wir umreißen, was davor und danach geschah, historische Hintergründe aber nicht zu detailliert erklären, empfahl die Leiterin des Workshops. Die Menschen müssten wir unbedingt bei ihren Namen nennen, aber wenn es zu viele seien, könnten wir auch einige unerwähnt lassen.

Meine Geschichte sei toll, spannend und bildlich gut vorstellbar, aber sie könne aus jedem Krieg stammen, sagte die Leiterin zu mir. Der Bezug zum Holocaust sei nicht deutlich. Zunächst reagierte ich eingeschnappt, verglich meine Geschichte trotzig mit denen der anderen. Auf dem Heimweg ließ ich mir die Kritik durch den Kopf gehen. Natürlich stimmte sie. Aber war das überhaupt ein Punkt, der verbesserungswürdig war? Wollten wir nicht zeigen, dass Geschichte lebendig ist, eben weil sie sich wiederholen kann?

*

Ab April 1944 bombardierten amerikanische Flugzeuge Wien und die umliegenden Industriegebiete. »Meine gefühlsmäßige Einstellung zu den Luftangriffen war außerordentlich seltsam«, schreibt Hansi. »Teils war es vital bedrohlich, das Näherkommen eines Bombenteppichs zu hören, andererseits war ein Triumphgefühl dabei, dass jetzt meine Feinde etwas abbekommen.« Als im März 1945 Bomben in einer Nebenstraße einschlugen und das Haus in der Neubaugasse zum Erschüttern brachten, verflüchtigte sich das Gefühl der Angst mit dem

Explosionsstaub. »Ich hatte einfach das Gefühl: Mir kann nichts passieren, das sind meine Verbündeten, die kommen, um mir zu helfen, die wollen mich befreien.«

Die Luftangriffe über Österreich fanden meist tagsüber statt. Alle zwei bis drei Tage ertönte das »Kuckuckssignal« im Radio, und die Menschen machten sich auf den Weg in die Keller und Flaktürme. Nur Hansi und Pepi nicht. Hansi, weil er sich in den Luftschutzräumen nicht zeigen durfte, und Pepi, weil er Hansi nicht allein lassen wollte. Es geschah nur selten, dass Pepi unterwegs von einem Alarm überrascht wurde und einen öffentlichen Bunker aufsuchte. Meistens blieben sie gemeinsam in der Wohnung. Da sie leise sein mussten, um vom Luftschutzwart nicht entdeckt zu werden, legten sie sich oft ins Bett und schliefen.

Als eines Nachmittags die Entwarnungssirenen schrillten, roch es in der Wohnung anders als sonst. Gas! Sie hatten vergessen, den Gashaupthahn abzudrehen. Eine Leitung war beschädigt worden. Wie lange hatten sie das Gift schon inhaliert? Rasch verließen Pepi und Hansi die Wohnung, um frische Luft einzuatmen. Auf dem engen Gehsteig herrschte geschäftiges Treiben. Die Leute strömten aus den Kellern und hatten es eilig, zu ihren Tätigkeiten und in ihre Bleibe zurückzukehren. Pepi und Hansi staksten in vorsichtigen Schritten die Straße hinunter. Hansi war übel, und auch der Ältere neben ihm war blass im Gesicht. Auf einmal kippte Pepi um. Der große Mann, der Schmerzen sonst über Monate ertrug und selten einen Arzt aufsuchte, lag ohnmächtig auf der Straße. Sein Gesicht war schweißüberströmt.

Hansi war ratlos. Einen Krankenwagen rufen? Man würde sicher fragen, wer er sei. Aber was, wenn Pepi die Vergiftung ohne medizinische Hilfe nicht überlebte? Da rührte sich Pepi. Hansi gelang es, Pepis Oberkörper aufzurichten, indem er ihn von hinten umklammerte. Dann sackte Pepi wieder in sich zusammen. Während es in seinen Ohren rauschte, zog Hansi den Ohnmächtigen nach hinten, bis er ihn mit dem Rücken an die Hausmauer lehnen konnte. Pepi kam zu sich und erhob sich mit Hansis Hilfe. Kaum war das gelungen, kippte er wieder gegen die Hausmauer. Hansis Körper hielt ihn davon ab, wiederum zu Boden zu fallen. Wie lange sie dort standen und wie oft Pepi das Bewusstsein verlor, weiß Hansi nicht. Keiner der Passanten beachtete sie. Vermutlich glaubte man, Pepi sei betrunken. Irgendwann hatte Pepi genug Kraft, um sich an der Mauer entlang in Richtung Haus zu tasten. Hansi stützte ihn. Bis sie daheim ankamen, hatte Pepi sich einigermaßen erholt.

DAS ENDE

Im April 1945 ahnte man in Theresienstadt, dass die Herrschaft der Nazis bald enden würde. Das Rote Kreuz verhandelte mit der SS die Übergabe des Lagers, als Ende des Monats Züge mit rund 15 000 Menschen eintrafen. Sie sahen furchtbar aus. Stark abgemagert, halbnackt, zum Teil apathisch und schwerkrank. Es waren Überlebende aus den Lagern Auschwitz, Bergen-Belsen und Buchenwald, die hierher evakuiert worden waren.

Was Helga in den vergangenen Jahren in Theresienstadt erlitten hatte, war schlimm gewesen. Sie war unterernährt, ihre Mutter Hertha von einer langen Krankheit, Hepatitis, geschwächt. Doch jetzt sah Helga, wozu das Regime noch fähig gewesen war. Viele der Angekommenen starben sofort, Typhus breitete sich aus. Den Gerüchten über die Gaskammern und Massenerschießungen hatte Helga nie Glauben schenken wollen. Nun gab es Gewissheit.

In den ersten Maitagen arbeitete Helga im Wäschereigarten, der sich außerhalb der Stadtmauern befand. Durch welches Stadttor kam man dorthin? Bei unserem Besuch in Terezín will Helga das unbedingt herausfinden. Das Archiv liegt in der Kleinen Festung, dem ehemaligen NS-Gefängnis. »Arbeit macht frei«, steht über dem Torbogen. Die Archivarin breitet eine große Karte auf ihrem Schreibtisch aus. Der Wirtschaftsplan stammt vom März 1944. Die Lagerleitung hat darauf mit bunter Tinte eingezeichnet, wo welches Obst und Gemüse angebaut wurde. Helga strahlt, als sie sich über das vergilbte Papier beugt und schnell den Wäschereigarten findet, auf halber Strecke zwischen Festung und Garnisonsstadt.

Am 8. Mai 1945 waren in Theresienstadt Schüsse zu hören. Die SS, die kurz zuvor die Verwaltung des Lagers an das Rote Kreuz übergeben hatte, kämpfte gemeinsam mit der Wehrmacht gegen die vorrückende Rote Armee. Im Wäschereigarten schien alles wie sonst. Helga und die anderen Jugendlichen kümmerten sich um die Gurken- und Kürbisbeete, die in einer großen, mit Folie abgedeckten Mulde lagen. Als Helga nach einiger Zeit hochblickte, bemerkte sie am Rand der Mulde Erdhügel, die vorher nicht da gewesen waren. Bewegte sich da nicht etwas? Und tatsächlich, auf einmal waren Helme mit roten Sternen zu erkennen. Als die Jugendlichen zu verstehen gaben, sie seien Gefangene, ließen sich die sowjetischen Soldaten von den Befreiten umarmen. Gemeinsam tanzten sie auf den Beeten.

Am selben Tag marschierte die Rote Armee in Theresienstadt ein. In Berlin wurde spätabends die Kapitulationserklärung der deutschen Wehrmacht unterzeichnet.

Am Ende des Tages fahren wir mit unserem Mietwagen die Straße entlang. Am linken Straßenrand bleiben wir stehen. Laut der Karte war hier der Wäschereigarten. Wir sehen Kleingärten und ein Bürogebäude. »Dort muss es gewesen sein«, sagt Helga und blickt aus dem Fenster. Aussteigen will sie nicht.

*

Anfang 1945 schien Pepis Voraussage endlich einzutreffen. Am 13. Februar 1945 nahmen die sowjetischen Truppen Budapest ein, 250 Kilometer östlich von Wien. Kletterte Hansi nachts auf den Dachboden und öffnete die Luke, konnte er am Himmel den Widerschein der näher rückenden Front beobachten. Er bewegte sich immer freier im Haus und half Pepi und den anderen Hausbewohnern, den Keller einzurichten. Sie kochten Wasser ab und füllten es in alte Flaschen, buken trockene Brotfladen und schleppten Matratzen hinunter. Pepi hatte das vorgeschlagen; im Falle einer Belagerung sollten sie dort einige Zeit überleben können. Er stellte Hansi als seinen Neffen vor, und niemand fragte nach, warum Hansi nicht an der Front war. Die Menschen seien mit sich selbst und ihren Ängsten beschäftigt gewesen, schreibt Hansi, und zudem froh, mit Pepi einen Arzt in der Nähe zu haben. Darüber hinaus versorgte Pepi sie mit Informationen über den Kriegsverlauf. Vermutlich hatte er Zugang zu Wehrmachtsberichten.

»Es war ein freudig erregtes, ungeduldiges Warten«, schreibt Hansi. Der Geschützlärm kam näher und war nun dauernd zu hören. Anfang April tauchten deutsche Panzer in der Neubaugasse auf und hielten nahe der Ecke zur Burggasse. Es kam der Befehl, das massive Haustor offen zu halten, doch Pepi riet davon ab. Er wollte nicht, dass sich deutsche Truppen bei ihnen verschanzten. Die Tür blieb verschlossen.

Die Front verlief wenige Straßen entfernt. Hansi sah, wie die Panzerkanonen in Richtung Gürtel schossen. Abends nahm der Gefechtslärm ab. Als Hansi am nächsten Morgen aus dem Fenster blickte, waren die Panzer verschwunden. »Plötzlich sahen wir die ersten russischen Soldaten in der Neubaugasse immer wieder in den Haustoren Deckung nehmend in der Richtung zur Burggasse und zum Ring laufen.« Am 13. April 1945 erklärten die Sowjets den Kampf um Wien für beendet. »Der Krieg war für mich ganz undramatisch zu Ende.«

In Hansis Notizen aus dem Wien der Nachkriegszeit spielen die Zerstörungen keine Rolle. Seine Erzählungen aus dieser chaotischen und nicht ungefährlichen Zeit sind amüsant. Da ist etwa die Geschichte, wie mein Großvater fast Politiker wurde. In den Tagen vor der Eroberung Wiens durch die sowjetischen Truppen hatten sich Vertreter von Widerstandsgruppen im Palais Auersperg im achten Bezirk getroffen und die politische Zukunft geplant. Wie Hansi zu dieser Gruppe kam, weiß er nicht mehr. Ihm wurde aufgetragen, einen älteren Herrn von der Mahlerstraße im ersten Bezirk zum Palais zu begleiten. Es war Theodor Körner, der nach der Befreiung Wiener Bürgermeister und später Bundespräsident werden sollte. Bald bekam Hansi einen Schreibtisch bei der provisorischen Regierung. Er nahm Adressen von Menschen auf, die sich am Wiederaufbau beteiligen wollten. Eines Morgens fand er seinen Schreibtisch besetzt vor. Jemand anderer machte nun seine Arbeit. Enttäuscht ging Hansi nachhause, zu Pepi, und erzählte ihm davon. »Das ist eh sinnlos«, sagte Pepi. »Was willst denn dort machen?«

Oder jene mit dem Gedicht. Ein Bekannter von Pepi betrieb ein Fotostudio, das Hansi nach Kriegsende gelegentlich besuchte, weil er mit dem Neffen des Besitzers befreundet war. »Pepi und ich hatten in den letzten Wochen, als die russische Front immer näher kam, begonnen Russisch zu lernen«, schreibt Hansi. »Ich hatte eine Übersetzung des Goethe-Gedichts ›Über allen Gipfeln‹ auf Russisch auswendig gelernt, welches mit den Worten ›Warte nur! Balde ruhest du auch‹ endet. Als nun eines Tages ein Russe kam und der Fotograf nicht anwesend war, konnte ich mir nur so helfen, dass ich diese letzte Zeile auf Russisch zitierte. Dieser einfache russische Soldat, der nur ein Sieger-Foto von sich mit seiner Maschinenpistole nachhause senden wollte, war von meiner hochtrabenden Rede völlig entgeistert. Er hat mich jedoch verstanden und gewartet, bis Pepis Freund, der Fotograf, kam.«

Meine liebste Anekdote stammt von einem Verwandten: Nach dem Krieg beschloss Pepis jüngerer Bruder, ein Parteimitglied, unterzutauchen, um einer möglichen Verhaftung zu entgehen. Und tatsächlich, die Polizei suchte ihn. Die Beamten kamen zu Pepi in die Neubaugasse und fragten nach ihm. Als dieser nicht antwortet, halten sie Pepi eine Pistole an den Kopf, woraufhin Hansi die Polizisten attackiert. Der Neunzehnjährige wird verhaftet und muss eine Nacht auf der Polizeistation verbringen. Tags darauf soll er auf einem offenen Lastwagen weggebracht werden, doch Hansi springt in einem unbemerkten Moment ab und kann entkommen. Wieder zuhause, hecken Pepi und er einen Plan aus: Pepi soll zur Polizei gehen und fragen, wo sein Sohn sei. Dann werde man Hansi nicht in der Neubaugasse suchen, und er könne außerdem der Polizei vorwerfen, in ihrer »Aufsichtspflicht« nachlässig gewesen zu sein. Auf der Polizeistation redet sich Pepi in Rage, tobt – und wird verhaftet.

Wie lange er in Haft war und unter welchen Umständen er wieder entlassen wurde, wissen wir nicht. Überliefert ist, dass ein Freund Pepi Essen ins Gefängnis brachte und den diensthabenden Polizisten nach Dr. Feldner fragte. »Der soll ein Doktor sein?«, soll dieser ungläubig entgegnet haben. Er habe noch nie jemanden so unflätig fluchen hören.

*

Frage ich Helga über die erste Zeit in Freiheit, erzählt sie vom Essen. Sie berichtet, dass sie sich zur Arbeit in der Lagerküche von Theresienstadt einteilen ließ. Dafür bekam sie etwas Geld und durfte das Fett aus den Töpfen kratzen. Ihre Familie und sie konnten ohnehin nicht weg, da Theresienstadt unter Quarantäne stand. Die Überlebenden aus den Vernichtungslagern hatten eine Typhusepidemie eingeschleppt. Die Soldaten der Roten Armee, die sich gemeinsam mit dem Roten Kreuz und den tschechischen Behörden um die Befreiten kümmerten, errichteten einen zusätzlichen Krankentrakt. Außerdem verteilten sie großzügig Nahrungsmittel. Ein Soldat schenkte Helga eine Dose mit gepökeltem Schweinefleisch, das sie so schnell verschlang, dass ihr übel wurde. Danach wurde sie vorsichtiger. Sie nahm an Gewicht zu, fand sich schnell zu dick, begann einige Wochen später mit einer Diät.

Nach der Befreiung fragten Hertha und Helga die Überlebenden, ob jemand Paul getroffen habe. Im Internierungslager im italienischen Urbisaglia hatte er unter erträglichen Bedingungen gelebt, konnte als Arzt arbeiten und mit ihnen korrespondieren. Nach dem Sturz Mussolinis am 25. Juli 1943 schloss Italien einen Waffenstillstand mit den Alliierten, woraufhin die deutsche Wehrmacht Norditalien besetzte. Als sich im Internierungslager herumsprach, dass die deutschen Truppen nur noch acht Kilometer entfernt waren, öffnete ein Wachmann eine Nebenpforte. Einige flohen, Paul blieb. Er hielt es eines ausgezeichneten Kriegsveteranen für unwürdig, davonzulaufen. So erzählt es zumindest meine Großtante Liese. Es klingt heroisch. Möglicherweise war Paul aber klar, dass seine Chancen schlecht standen, bis ins von den Alliierten befreite Süditalien zu gelangen. Bei seiner Internierung waren ihm überdies die Papiere abgenommen worden.

Am jüdischen Neujahrstag, der auf den 30. September fiel, wurden die verbleibenden Männer aus Urbisaglia in ein ehemaliges Kriegsgefangenenlager in Sforzacosta deportiert. Von dort schickte Paul weiterhin Karten nach Theresienstadt, die letzte am 26. März 1944.

Ein Überlebender aus Auschwitz erzählte Hertha, er hätte Paul im November 1944 dort gesehen. War dieser Information zu trauen? Von anderen hörten sie, dass kaum jemand überlebt hatte, der älter als vierzig war. Paul war damals bereits 53 Jahre alt. Ihre Mutter und sie konnten nicht damit rechnen, dass er noch lebte, erzählt Helga. In einem Brief, den meine Urgroßmutter am 21. Juni 1945 an einen Onkel in Wien schrieb, klingt es anders: »Es könnte sein, dass er irgendwo in einem Spital liegt, oder in einem Lager ist, aus dem er keine Nachricht geben kann.« Hertha hoffte also insgeheim, dass ihr Mann lebte, erklärte aber ihren Töchtern, der Vater sei tot. Wollte sie keine falschen Hoffnungen wecken?

Sie plane, mit ihren beiden Töchtern nach Wien zurückzukehren, habe aber große Angst, schrieb meine Urgroßmutter weiter. Schließlich war die Familie vollkommen mittellos: »Es geht mir so wie Gefangenen, die lange in Haft waren, sie fürchten sich vor der Freiheit mehr als vor dem Weiterbleiben!«

Fünf Tage später kam ein Brief aus Wien. »Ich bin ein Museumsstück (lebend aus Auschwitz über Bukarest gekommen). Überglücklich und wie neugeboren, Dich dort zu wissen. Ich wohne derweil bei Ella, suche krampfhaft eine Wohnung, ich werde eingestellt. Du wirst also keine Pension beziehen müssen, denn arbeiten werde ich. Wie sehne ich mich nach meinen Herzenskindern. Ich umarme Euch in inniger Liebe und Treue. Dein Paul«

Helga erzählt mir von diesem Brief und sagt erst später, dass sie ihn aufgehoben hat. Ich mache mich sofort auf die Suche, was Helga wohlwollend akzeptiert. Wen sollen denn diese alten Sachen außerhalb der Familie interessieren, fragt sie. Kokettiert sie, frage ich mich, während ich eine ihrer Schubladen durchwühle. Sie erlebt doch selbst, dass sie alle paar Wochen als Zeitzeugin in Schulen eingeladen wird und bei Veranstaltungen große Säle füllt.

Ich finde die Antwortbriefe von Helga und Hertha, datiert auf den 26. Juni 1945. Hertha klingt überdreht und füllt voller Freude fünf Seiten: »Wir sind alle drei heute ganz aus dem Häusl, haben gelacht und geweint, arbeiten nichts und gehen mit Deinem Brief in der Stadt spazieren, um allen Bekannten die freudige Nachricht zu überbringen … Liebster, Du schreibt nur so kurz, ich kann aus Deinen Zeilen nicht viel mehr ersehen, als dass Du furchtbar viel mitgemacht hast, aber schon wieder mutig und zuversichtlich bist. Ich habe ja nie ernstlich daran geglaubt, dass Dir etwas geschehen ist, aber rechnen musste man doch damit, da die Nachrichten zu schrecklich waren, die von Dir kamen. Endlich, endlich werden unsere Leiden zu Ende sein, und wir werden wieder beisammen sein, ich habe das mir anvertraute Gut, unsere geliebten Mädchen, so gut wie möglich behütet mit meinen schwachen Kräften, wenn ich Dir sage, dass Helga zweimal im Transport nach Auschwitz eingeteilt war – ich habe sie herausgenommen. Ich hätte sie ja doch nicht allein fahren lassen, und was wäre geschehen, wenn ich mit Lieserle mitgefahren wäre?«

Für Anfang Juli will sie einen Transport nach Wien organisieren, einen eigenen Wagen mieten und nicht auf den nächsten Zug warten, der vielleicht erst zwei Wochen später geht. Zuhause soll dann das Leben weitergehen wie früher, nur besser. »Es ist sicher furchtbar schwer, jetzt eine Wohnung zu finden, doch bedenke alles, bevor Du sie nimmst, sie muss ja nicht so groß sein, aber Du willst doch ordinieren und Helga möchte einen eigenen Raum, sei er auch noch so klein. Sie ist schon ein großes Mädel mit einem Privatleben, zu groß, um mit dem Lieserle immer zusammen zu sein. Und Du weißt, beim Arzt ist die Aufmachung wichtig.«

Im Haushalt will Hertha künftig alles selber machen: »Ich brauche keine Dienstboten, höchstens eine Bedienerin für die ganz grobe Arbeit, aber was ist grobe Arbeit, wenn sie für *uns* ist? Am liebsten möchte ich auch was arbeiten, vielleicht beim ›Menage-Dienst‹! Irgendwo, wo es mit Essen zusammenhängt? Aber wir werden schon nicht verhungern, wir haben uns bis jetzt durchgeschlagen und werden es weiter.« Sie hätten sich ja schon erholt: »Wir sehen eigentlich alle drei unverschämt gut aus, wenn ich bedenke, dass ich einen Gewichtstiefstand von 51 Kilo voriges Jahr erreichte, so kann ich mich nur wundern, dass ich heute wieder meine 65 Kilo Lebendgewicht habe. Natürlich bin ich nicht jünger geworden, werde ich Dir noch gefallen?«

Warum schreibt Paul, dass er bei Ella, der Frau ihres Vaters, untergekommen ist, und erwähnt ihn nicht, fragt Hertha. Muss sie die Redewendung so verstehen, wie sie befürchtet? »Ich freue mich schon so, alle wiederzusehen, ich wage nur nicht zu denken, wen ja und wen nicht.«

Helgas Brief an ihren Vater umfasst eine Seite, die so dicht beschrieben ist, dass ich ihre Schrift kaum entziffern kann. Ich bitte sie, ihn für mich abzutippen. »Du kannst Dir überhaupt nicht vorstellen, was das für mich bedeutet – bis vor zwei Stunden war der Gedanke an Wien für mich ein Gräuel, und jetzt möchte ich lieber jetzt als in zehn Minuten fahren. Sag, hättest Du das jemals zu hoffen gewagt?«, schrieb sie. »Ich schreibe Dir heute so konfuses Zeug, aber es ist schließlich begreiflich, ich bin noch ganz durcheinander von dem Schreck (der angenehmste Schreck, den ich je erlebt habe). No, stell Dir vor, Du hast Zukunftspläne, vor denen Dir sehr mies ist, so ein freudloses Dasein steht Dir bevor, und im Hintergrund immer der Gedanke, was ist aus meinem Vater geworden? Und Du hast ihn gar nicht mehr in die Zukunftspläne einkalkuliert und plötzlich – es ist so ein Wunder, aber ich habe es noch nicht ganz begriffen, um sich an so einen Gedanken zu gewöhnen. Ich habe gar keinen Platz für so viel Freude, mir ist, als müsste ich auseinanderplatzen, wenn ich denke, ›Er‹ ist in Wien und wartet auf uns.«

Die Themen wechseln rasant. Sie erwähnt, wie sie sich vergeblich nach ihm erkundigt haben. »Du musst mich noch so in Erinnerung haben, wie Du weggefahren bist, Du fällst bestimmt in Ohnmacht, wenn Du mich jetzt wiedersiehst. Ich schreib Dir absichtlich nichts davon, was wir erlebt haben, denn da weiß ich keinen Anfang und kein End. Aber es ist uns wirklich dreckig gegangen. Wir waren oft nicht satt, aber richtig gehungert haben wir nie, und auch sonst haben wir uns immer durchgeschlagen.« Sie könne gar nicht erwarten zu hören, wie es dem Vater ergangen sei. »Ich glaube, wenn einer von uns eine Woche hindurch fließend erzählt, dann haben wir ein Zehntel von dem erzählt, was wir uns zu sagen haben.« Er solle ihnen schnell schreiben, damit sie die Abreise planen können. »Ich kann es überhaupt nicht fassen, dass wir jetzt wieder eine richtige Familie sind und uns eine Zukunft aufbauen können und uns nicht mehr so treiben lassen müssen wie bisher.« Grüße und Küsse schickt ihm die »momentan ganz verwirrte Helga«. Sie schließt mit einem PS: »Du kannst gar nicht ermessen, wie überüberüberglücklich ich bin.«

Eine knappe Woche später, Ende Juni 1945, ist die Familie auf dem Weg nach Wien. Sie haben einen Lastwagen gemietet. Helga erinnert sich, wie sie am Ende der zehnstündigen Fahrt unter der Plane hervorlugte. Das soll Wien sein? Sie ist vollkommen orientierungslos und kann nichts wiedererkennen. So viel ist zerstört. Die deutschen Truppen haben die Brücken über den Donaukanal gesprengt.

Waren sie nun wieder eine richtige Familie, wie es sich Helga gewünscht hatte? Auf dem Papier schon. Kurz wohnten sie bei Ella, der Frau ihres Großvaters, im dritten Bezirk. Der Oberstleutnant, geschwächt durch Unterernährung, war in den letzten Kriegsmonaten an einer Lungenentzündung gestorben. Bald zog die Familie in eine Wohnung in der Liechtensteinstraße im neunten Bezirk. Da aufgrund der Zerstörungen der Wohnraum knapp war, teilten sie die Wohnung zunächst mit einem NS-Parteimitglied – das Zusammenleben funktionierte schlecht. Wenig später übersiedelte die Familie in eine größere Wohnung in der Porzellangasse, in der der Vater nun wieder ein Ordinationszimmer hatte. Genauso wie vor dem Krieg arbeitete er auch als Polizeiarzt. Gleich nach seiner Rückkehr nach Wien war er bei seinem ehemaligen Arbeitgeber vorstellig geworden und hatte seinen alten Posten wiederbekommen.

Im Herbst wurde die neunjährige Liese eingeschult, sehr zu ihrem Unwillen (»Schon wieder so ein Zwang!«). Die sechzehnjährige Helga sollte, ebenfalls zu ihrem Unwillen, die dritte Klasse eines Gymnasiums besuchen. Vier Jahre lang hatte sie nicht in die Schule gehen dürfen und bis auf einige Privatstunden wenig gelernt. Doch Helga war bestimmt: Mit sechzehn gehöre sie in die siebente Klasse. Sie könne ja gar kein Latein, wandte die Direktorin ein. Helga nahm wieder Privatstunden, lernte zuhause, stieg nach einigen Monaten in die siebente Klasse ein und bestand das Schuljahr.

Helga meint, seit jeher sei sie ehrgeizig gewesen. Auch als Kind in den Jahren vor dem »Anschluss« hatte sie gerne gelernt und die Eltern und Bekannten damit beeindruckt, dass sie früh lesen und schreiben konnte. Als kluges Mädchen war sie aufgewachsen, weshalb der Ausschluss aus der Schule der vielleicht schmerzvollste Aspekt der Verfolgung für sie war. Nun hatte sie die Möglichkeit, ihren alten Ruf zurückzugewinnen. Und nicht nur das: »Ich hatte das Gefühl, ich muss es denen zeigen«, sagt sie. Lange war sie als Mensch zweiter Klasse behandelt worden. Nun wollte sie beweisen, dass sie nicht nur gleichwertig war, sondern in die oberste Riege gehörte, wenn es um Leistung ging. Diese Eigenschaft ist ihr geblieben. Auch die wichtigen Prüfungen des Medizinstudiums bestand sie später bravourös. Heute treibt sie Sport, achtet auf ihre Ernährung und bildet sich immer weiter. Im Beruf arbeitete sie hart, Passivität liegt ihr nicht. Darüber hinaus erfreut sie sich bester Gesundheit und wird im seltenen Fall einer Krankheit ziemlich unverträglich.

Dann jammert sie ständig, welche Termine sie absagen musste und wie ihr die tägliche Turnstunde fehle.

Die Schule war für Helga eine wohltuende Ablenkung. Das Familienleben war schwieriger, als sie es sich vorgestellt hatte. Zweieinhalb Jahre hatte sie im Jugendheim mit Gleichaltrigen verbracht, und sie war es nun nicht mehr gewohnt, sich den Eltern unterzuordnen. Ihre Mutter, ihre Schwester und sie hatten ebenso wenig mit dem Überleben des Vaters gerechnet wie der Vater mit dem ihren. Sechs Jahre hatten sie einander nicht gesehen. »Für mich war das ein fremder Mann«, sagt meine Großtante Liese, die drei Jahre alt war, als der Vater 1939 nach Italien fliehen musste, und neun Jahre, als sie ihn wiedersah. »Ich glaube, auch die Eltern mussten die Ehe neu beginnen.«

Helga hatte sich auf den Vater gefreut und wollte alles erfahren, was sich in den Jahren der Trennung zugetragen hatte. »Da wusste ich noch nicht, was für ein Wrack er war«, kommentiert Helga, als sie mir den Brief gibt, den sie im Juni 1945 aus Theresienstadt geschrieben hat. Paul war nervös, ängstlich und weinerlich. Jede Nacht wurde er von Albträumen heimgesucht, schrie »Appell! Appell!«, bis ihn jemand weckte. Er trauerte um seine Mutter, seine drei Geschwister und seinen neunjährigen Neffen, die ermordet worden waren. Über die Zeit in Auschwitz vermochte er kaum zu sprechen. Nach und nach war aus ihm herauszubekommen, dass er Anfang April 1944 gemeinsam mit achthundert anderen aus Sforzacosta in das Vernichtungslager deportiert worden war. Elf Monate überlebte er dort, weil er in einem Krankentrakt arbeitete, vermutlich in einem Labor, in dem er nachts Blutbilder analysierte. Womöglich blieb er bei Kräften, weil er vor extremen Temperaturen geschützt war und keine schwere körperliche Arbeit verrichten musste oder Zugang zu Kleinigkeiten wie Papier oder Zündsteinchen hatte, die er gegen Essen eintauschen konnte. Vielleicht traf er auf alte Bekannte, die ihm halfen. Ende Jänner 1945 musste er sich gemeinsam mit den verbliebenen Häftlingen aufreihen. Die SS wollte sie erschießen, änderte aber im letzten Moment den Plan und floh vor der herannahenden Roten Armee. Nach der Befreiung erkrankte Paul an Fleckfieber, wurde in einem Krakauer Krankenhaus behandelt und aufgepäppelt und gelangte schließlich Ende Mai über Bukarest nach Wien.

Darüber, wie es war, mit dem traumatisierten Mann zusammenzuleben, fällt es Helga schwer zu reden. »Er funktionierte mehr, als dass er lebte«, sagt sie. Aber das müsse ich ja nicht so genau schreiben, das habe er nicht verdient, fügt sie hinzu. Er habe sich bemüht. Und sie schämt sich dafür, dass sie ihn spüren ließ, dass er sie mit seiner Angst einengte und ihr mit seiner Sentimentalität auf die Nerven ging. In ihr brodelte Wut über die jahrelangen Demütigungen und Hass auf die alten und neuen Nazis. »Auf jedem Laternenpfahl wollte ich einen hängen sehen«, sagt sie und verzieht das Gesicht, angewidert von der Erinnerung, die so gar nicht zu ihrem Selbstbild als ausgeglichene Persönlichkeit passt.

Beim Lernen dachte sie weniger darüber nach. Die anderen Mädchen in ihrer Klasse betrachteten Helga wie ein Wesen aus einem Panoptikum, erzählt sie, mit einer Mischung aus Furcht und Neugierde. Die meisten von ihnen erinnerten sich nicht daran, jemals Juden gekannt zu haben. Fünftausend Mitglieder zählte jetzt die jüdische Gemeinde Wiens; knapp 80 000 waren es 1939 gewesen. Mit der Zeit schwand die Distanz zwischen Helga und ihren Mitschülerinnen. Viele Mädchen hatten in den Kriegsjahren gehungert, ihre Väter und Brüder im Krieg verloren und waren ausgebombt worden. Helga sah, dass das NS-Regime viele unschuldige Menschen ungerecht behandelt hatte, nicht nur sie selbst.

Selbst weiß ich, wie es ist, anders als die Mitschüler zu sein.

Ich war immer die einzige Jüdin und meist auch die einzige Nichtchristin in meiner Schulklasse. Jahr für Jahr musste ich verstörten Kindern erklären, dass ich kein Weihnachten feierte. Was, gar keine Geschenke? Und der 24. Dezember? Ein ganz normaler Tag? Weil ich nicht wusste, wie ich mit dem Mitleid, das mir entgegenschlug, umgehen sollte, erzählte ich wahrheitsgemäß, meine Eltern würden mir manchmal ohne Anlass Kleinigkeiten schenken. Das wurde erleichtert zur Kenntnis genommen. Immerhin hielten sich meine ungläubigen Eltern an die schier göttliche Geschenkeordnung, an die bis zu einem gewissen Alter alle zu glauben schienen.

*

»Wir sind sehr glücklich zu hören, dass Du lebst und hoffentlich auch gesund bist. Bitte schreibe uns sofort ausführlich über die ganze Familie. Ich habe leider bis jetzt Gemischtes erfahren können. Leider Gottes hört man viel Trauriges, dass wir schon sehr geängstigt sind, trotzdem, bitte, schreibe uns sofort über alles die Wahrheit. Ihr Armen, was habt Ihr leiden müssen.« Am 31. Dezember 1945 verfasste Hansis Tante Frieda, die Zwillingsschwester seiner Mutter, in ihrer Wohnung im New Yorker Stadtteil Bronx diese Zeilen. Die Adresse ihres Neffen in Wien hatte sie von einem Verwandten erfahren.

Auch Hansis Cousine Ilse erfuhr zu dieser Zeit Hansis Adresse. Sie ist die Tochter von Hansis Tante Sophie, der älteren Schwester seiner Mutter. Als Zwölfjährige war Ilse 1938 nach England gelangt, hatte in einem von Quäkern geführten Internat gelebt und besuchte nun ein College, das sie zur Volksschullehrerin ausbildete. »Ich weiß leider sehr wenig, wie es Euch allen während der Kriegsjahre ging, doch hoffe ich, sehr bald von Dir ausführlich zu hören«, schrieb sie an Hansi. »Weißt Du, wo alle unsere Verwandten sind und ob meine Mutter noch lebt?«

Als Ilse beinahe neunzig Jahre alt ist, besuche ich sie in London. Früher war sie oft in Wien. Als pensionierte Volksschullehrerin verstand sie es, gut mit uns Kindern umzugehen. Wir sprachen abwechselnd einen Tag Englisch und Deutsch mit ihr, eine schüchterne, melancholische Frau, deren feiner Humor immer wieder durchblitzte. »Wisst ihr eigentlich, wie viele Finger ihr habt?«, fragte sie oft. Weil wir jedes Mal vergaßen, wie der Trick funktionierte, ließen wir ihn uns wieder und wieder vorführen. »Zehn!«, antworteten wir. »Sicher?«, fragte sie und zählte an einer Hand vom Daumen zum kleinen Finger und wieder zurück. Den kleinen Finger zählte sie nur einmal.

Mittlerweile ist sie zu gebrechlich, um zu reisen; sie lebt in einem Altenheim im Norden von London. Ich zeige ihr die dünnen, hellgrauen Seiten, die sie nach dem Krieg mit Füllfeder in ihrer beinahe kindlichen Schrift beschrieben hat. Sie erinnert sich an den Moment, als sie Hansis Antwort erhielt: »Ich dachte, oh, das ist der erste Brief von der Familie in Wien! Ich ging auf ein Hockeyfeld, denn ich wollte beim Lesen allein sein. Ich war so schockiert. Es war der erste und der letzte Brief, denn niemand anderer hatte überlebt.«

Ilses Mutter wurde am 14. September 1942 von Wien nach Minsk deportiert. In einem Kiefernwäldchen nahe des Gutes Maly Trostinec wurde sie vermutlich sofort nach ihrer Ankunft erschossen. Hansis Eltern und sein vierzehnjähriger Bruder Herbert wurden zwei Wochen später nach Theresienstadt deportiert. Dass seine Mutter dort Anfang 1943 an Meningitis starb, erfuhr Hansi im selben Jahr durch eine Lagerpostkarte. Sein Vater und sein Bruder wurden am 17. Dezember 1943 auf einen Transport ins »Reichsgebiet« verladen, Moritz trug die Transportnummer 1555, Herbert 1760. Die Viehwaggons, vollgepfercht mit 2500 Menschen, verließen Theresienstadt in den frühen Morgenstunden des 18. Dezember 1943 und erreichten am folgenden Tag Auschwitz-Birkenau. Im »Theresienstädter Familienlager«, jenem Teil des Lagers, in dem die Deportierten hausten, fanden keine der berüchtigten Selektionen bei der Ankunft statt. Die Nazis hatten aber von Anfang an geplant, das »Familienlager« letztlich aufzulösen: Im Juli 1944 wurden die arbeitsfähigen Menschen in andere Lager verschickt, die verbleibende Mehrheit der Insassen wurde in den Gaskammern ermordet.

Hansi wartete nach Kriegsende Monate auf die Rückkehr seines Vaters und Bruders. Hörte er von Überlebenden, die in Wien gestrandet waren, fragte er sie nach Herbert und Moritz. Schließlich erfuhr er, dass Moritz wenige Wochen vor der Befreiung bei einem »Todesmarsch« nahe dem Konzentrationslager Sachsenhausen erschossen worden war.

*

Während der Recherchen für dieses Buch wird in Wien auf dem Gelände des ehemaligen Aspangbahnhofs ein Mahnmal errichtet. Von dort wurden die meisten Menschen deportiert. Einer meiner Cousins soll zum Jahrestag des Novemberpogroms an diesem Ort eine Rede halten, in seiner Funktion als Vorsitzender einer jüdischen Studentenorganisation. Als er mich anruft, sitze ich in einem Restaurant, mir gegenüber meine Mutter. Ob unsere Urgroßeltern und Hansis Bruder Herbert auch vom Aspangbahnhof aus deportiert worden wären? Ja, antworte ich und erkläre, was mit der Familie unseres Großvaters geschah. Theresienstadt, Meningitis, Auschwitz, Theresienstädter Familienlager, Selektion, Sachsenhausen. Ich rede schnell und erregt und spüre das Glücksgefühl, das ich immer habe, wenn ich richtige Antworten auf schwierige Fragen weiß. Als ich auflege, bemerke ich den betroffenen Blick meiner Mutter. »Ich wusste das gar nicht so genau«, sagt sie.

Für mich hingegen hat sich die Vergangenheit wieder abstrahiert. Genauso wie ich früher gerne Jugendbücher über den Holocaust las, habe ich nun Freude daran, unbekannte Details herauszufinden und die Geschichte meiner Familie zu erzählen. Wie nahe und grausam die Inhalte sind, rückt in den Hintergrund. Ich merke es oft lediglich an den Reaktionen der anderen. Natürlich weiß ich, dass diese Distanz notwendig ist, um die Geschichte überhaupt zu Papier zu bringen. Aber darf ich Befriedigung dabei verspüren, die grausame Logik des NS-Regimes zu verstehen? Ich beobachte meine Mutter, nachdem ich die Funktion des Theresienstädter Familienlagers erklärt und erzählt habe, in welcher Datenbank ich die Deportationslisten und den Todesschein ihrer Großmutter fand. »Und trotzdem sind wir jetzt hier«, sagt sie. Es ist unsere Geschichte, und es ist gut, dass ich sie erzähle.

*

»Jahre habe ich gehofft, meine Schwester zu sehen, alles war umsonst. Da hilft kein Klagen und Jammern, nichts kann uns helfen«, schrieb Hansis Tante Frieda im Februar 1946, nachdem Hansi ihr vom Tod seiner Mutter berichtet hatte. Für Frieda war es nun naheliegend, die überlebenden Familienmitglieder zusammenzubringen – und zwar bei ihnen in den Vereinigten Staaten. Schon in ihrem ersten Brief hatte sie angekündigt, sie wolle ihrem Neffen ein Affidavit schicken, sodass er mit einem Einwanderungsvisum nach Amerika kommen und »all das Schreckliche«, das er erlitten hatte, vergessen könne. »Wir hoffen, Dich herüberzubringen, und Du wirst sehen, Du wirst sehr bald wieder der alte, frohe Hansi sein«, schrieb sie nun. »Das Ärgste hast Du ja überstanden. Was jetzt kommt, kann ja nur gut sein.«

Unterstützt wurde sie dabei von ihrer Tochter, Hansis Cousine Litzi, die 1938 nach England und später in die USA flüchten konnte. Anfang 1946 war die 23-Jährige frisch verheiratet und schickte regelmäßig Carepakete nach Wien. An Hansi schrieb sie in kurzen Abständen Briefe. Zwei Mal erinnert sie ihren Cousin, sich beim amerikanischen Konsulat zu melden. Als er berichtet, dass er im September 1945 einen Maturakurs begonnen habe und sich in Mathematik und Latein schwertue, beruhigt sie ihn: Hier in Amerika lerne niemand Latein, da seien die Schulen viel einfacher, er müsse sich keine Sorgen machen. »Bleib gesund und denke an die schöne Zeit, die Dir hier in Amerika bevorsteht!«

Doch Hansi wollte nicht nach Amerika. Er hielt es für vernünftiger, seine Ausbildung in Wien abzuschließen, denn es fehlte an Geld für einen Umzug, und Hansis Englisch war nicht gut genug, um an einer amerikanischen Universität zu studieren. Hansi wollte Arzt werden, so wie Pepi, bei dem er weiterhin lebte. Ein Umzug nach Amerika bedeutete Trennung. Hansi klagt der neunzehnjährigen Ilse in England sein Leid. »Dass Du nicht nach Amerika gehen willst, verstehe ich sehr gut«, antwortet sie ihm im März 1946. »Ich musste Tante Frieda während der letzten zwei Jahren immer wieder erklären, dass ich nicht nach Amerika gehen möchte, dass ich auf eigenen Füßen stehen kann, will und werde … Du musst aber auch versuchen, Tante Frieda zu verstehen, die sich verpflichtet fühlt, für uns alle zu sorgen, weil sie jetzt die einzige der drei Schwestern ist.«

HANSI UND HELGA

Fakten gehen verloren, das ist mir mittlerweile klar: Hansis Hauptschule? Es gibt keine Archive dafür. Pepis Unterlagen von seiner Zeit bei der Wehrmacht? Nicht vorhanden. Der »Schutzstatus« von Helga, der von ihrer Schwester und ihrer Mutter? Wir können lediglich Vermutungen darüber anstellen. Wie viele Menschen wussten Bescheid über Hansis U-Boot-Dasein? Nicht zu eruieren.

Eine Rolle spielt auch meine Unsicherheit, wie nahe Hansis und Helgas Erinnerungen tatsächlich an der Wirklichkeit sind. Helga hat sich zeitlebens intensiv mit dem Holocaust auseinandergesetzt. In welchem Ausmaß vermischen sich ihre Erlebnisse mit denen von anderen? Hansis Aufzeichnungen blieben unvollendet. Der letzte Eintrag war wenige Wochen nach seinem 70. Geburtstag und kurz vor der Krebsdiagnose. Hätte er mehr Zeit gehabt, wäre es ihm vielleicht ergangen wie Helga. Bei jedem Gespräch fallen ihr neue Details ein.

Als sie mir davon erzählt, wie sie Hansi kennenlernte, stellt sich mir die Frage, wie Hansi das gesehen hat. In seinen Aufzeichnungen spricht er mit keinem Wort darüber.

Die Auswanderung nach Palästina war unter den überlebenden Juden Wiens ein großes Thema. Auch für Helga, die in Theresienstadt mit der Idee des Zionismus in Berührung gekommen war. Am 11. September 1945 nahm sie an einem Treffen einer zionistischen Gruppe teil, exakt erinnert sie sich an dieses Datum. Es gab eine warme Mahlzeit, vermutlich waren nicht alle Besucher überzeugte Zionisten; der dünne junge Mann mit schwarzen Haaren und verwegenem Blick, der Helga gegenübersaß, zählte zu denen. Er war neunzehn, Helga sechzehn Jahre alt. »Er hat mir sehr gut gefallen«, sagt Helga.

Helga war in Begleitung einer Freundin, Hansi mit einem Bekannten, und man beschloss, bald etwas gemeinsam zu unternehmen. Anlässlich seines 20. Geburtstages am 18. Oktober lud Hansi seine neue Bekannte in die Wohnung in der Neubaugasse ein. Sie tranken und rauchten. Pepi war dabei und unterhielt sich mit ihnen. Helga will Hansi unbedingt gefallen. Es imponiert ihr, wie wild er ist und dass er nicht gewillt ist, sich an Regeln zu halten. Bei schönem Wetter kommt es vor, dass die Freundesgruppe ganze Nachmittage in einem Schrebergarten am Wilheminenberg, am Stadtrand, verbringt. Einmal klettert Hansi auf das Dach des Häuschens. »Mir ist das Herz stehengeblieben«, erinnert sich Helga. Ganz lässig springt er wieder herunter.

Eine neue Idee: Helga soll sich vor die Holzwand stellen. Hansi möchte seine Fertigkeit als Messerwerfer unter Beweis stellen; sie will Mut zeigen. »Ich hab gedacht, ich pisch mich an vor Angst!« Hansi wirft meisterlich, und heute noch schüttelt sich Helga, wenn sie daran denkt.

In diesen ersten Monaten nach dem Kriegsende kostet Hansi das Ende der jahrelangen Isolation in vollen Zügen aus. Immer wieder sieht Helga ihn mit anderen jungen Frauen. Auch sie lernt, wie sie ihn eifersüchtig machen kann. Mit einem Verehrer geht sie in die Volksoper (»ein hübscher Bursch, aber strohdumm«), ein anderer besucht sie zum Schachspielen und bleibt so lange, bis er die Ausgangssperre überzogen hat. »Er dachte, vielleicht ergibt sich was, und hat gefragt, ob er übernachten kann.« Helga gibt ihm eine Decke, er soll im Lift schlafen. Aber ein Frühstück bringt sie ihm am nächsten Morgen.

Hansi und Pepi, späte vierziger Jahre

Ein Dreivierteljahr lang umkreisen sich Helga und Hansi. Eine »On-off-Situation« nennt es Helga. Von wem ging das aus, frage ich. »Jeder hat seine Empfindlichkeiten gehabt«, antwortet sie: Wien ist zerstört, das Geld knapp und Helga voller Wut über die jahrelangen Torturen. Sie möchte nach Palästina auswandern. Was beschäftigt Hansi am meisten? Später wird er meiner Tante erzählen, dass die Ermordung seines sechzehnjährigen Bruders der härteste Schlag seines Lebens gewesen sei.

Ab Sommer 1946 sind Hansi und Helga ein Paar. Über ein Wochenende fahren sie weg; offiziell ist Helga mit einer Freundin unterwegs, die Helgas vorgeschriebene Postkarten an die Eltern aufgibt. Vor allem der Vater ist anfangs von Hansi wenig begeistert. Warum genau, kann Helga nicht erklären. Vielleicht ist ihm der junge Mann nicht geheuer. Oder er hält seine Tochter für zu jung.

Im Juli schafft Hansi mit kräftiger Unterstützung Pepis die Matura. Während der Lateinarbeit hatte er sich in der Schultoilette versteckt; Hansi markierte Übelkeit, sodass er aufs Klo gehen durfte, wo Pepi den Text übersetzte. Im Herbst inskribiert Hansi an der Uni Wien für das Medizinstudium. Pepi in einem Brief an Tante Frieda: »Er steht schon um 8 Uhr auf, was ich ihm besonders hoch anrechne, geht dann in die Vorlesungen, kommt um ½2 nachhause, hat nur 15 Minuten Zeit zum Mittagessen, da er schon um 2 Uhr wieder im Seziersaal sein muss. Abends muss er dann studieren, im Atlas alle anatomischen Verhältnisse nachschauen, die er am Nachmittag seziert hat, damit er am nächsten Tag wieder weiter sezieren kann.« Und weiter: »Hans hat überhaupt lauter sehr anständige und nette Bekannte. Er selbst ist gottlob immer noch unverändert solid, hat gar keine Neigung zu irgendwelchen Ausschreitungen. Er trinkt ganz gern ein Glasl Wein, wozu jedoch selten Gelegenheit ist, doch würde er sich nie betrinken. In dieser Saison war er ein einziges Mal auf einem Ball. Da ist er um 3 Uhr nachhaus gekommen. Aber er unterhält sich nicht bei derartigen Veranstaltungen, er sitzt da lieber mit einigen Burschen und Mädeln an einem Tisch und unterhält sich im Gespräch.«

Helga hat noch ein Jahr Schule vor sich, was ihr unendlich lang scheint. Völlig überraschend bricht sie die Schule ab, beginnt einen halbjährigen Maturakurs – und lernt mit Hansi für die Medizinprüfungen. Im Frühjahr 1947, ein halbes Jahr nach Hansi, besteht sie ihre Matura und beginnt ebenfalls sofort mit dem Medizinstudium. In der Wohnung ihrer Eltern in der Porzellangasse im neunten Bezirk hat sie ihr eigenes kleines Zimmer, wo Hansi sie oft besucht, um gemeinsam zu lernen. Zwischendurch, sagt sie, hätten sie kleine Pausen gemacht, was die Neugier ihrer damals elfjährigen Schwester Liese weckte. Helga besaß das Modell eines Skeletts, das Liese Angst einjagte. Als sie wieder einmal anklopft, steckt Helga dem Gerippe die Taschenlampe in den Mund, löscht das Deckenlicht und platziert das Modell so, dass es beim Öffnen der Tür unmittelbar vor Liese steht. Danach blieben Hansi und Helga ungestört, eine Zeitlang zumindest. Und Helgas Palästina-Pläne? Sie sind verschwunden.

POUGHKEEPSIE, NEW YORK, 1955

Das Foto im Schlafzimmer meiner Großmutter entstand am 9. März 1955. Als das Schiff Saturnia über Genua und Halifax im Hafen von New York einlief, kamen mehrere Reporter an Bord. Eine jüdische Wohltätigkeitsorganisation hatte sie auf ein junges Ehepaar aus Wien mit besonderen Lebenswegen aufmerksam gemacht. Hansi und Helga blicken nicht in die Kamera, sondern schräg nach links. Unter dem Foto der kurze Text: »Auch an Bord der Saturnia waren Dr. Hans und Helga Feldner-Bustin, die aus Wien kamen, um am Poughkeepsie-Krankenhaus zu assistieren. Dr. Helga wurde 1945 aus einem Konzentrationslager befreit. Dr. Hans sagte, sein Bruder und seine Eltern kamen im Konzentrationslager um, doch er entkam, weil ihn ein christlicher Arzt adoptierte.« Der Atheist Pepi ein »christlicher Arzt«? Hansi missfiel der Artikel: »Über die Zeitung habe ich mich nur geärgert«, schreibt er einige Tage später an Pepi. »Auf den Bildern sehen wir schwachsinnig glücklich lächelnd aus.« Auf mich wirkt ihr Lächeln eher vorfreudig, aber auch unsicher.

Drei Jahre zuvor hatten die beiden ihr Medizinstudium abgeschlossen. Bei der Promotion war Helga die einzige Frau gewesen. Sie wollten sich nun zu Fachärzten ausbilden lassen; Hansi interessierte Neurologie, Helga die interne Medizin, doch waren die Ausbildungsjahre in Wien schlecht bezahlt. Helga arbeitete als Sekundarärztin, Hansi stand auf der Warteliste für einen Ausbildungsplatz und war als unbezahlter Gastarzt auf der neurologischen Universitätsklinik beschäftigt. Lediglich für die Nachtdienste wurde er bescheiden entlohnt.

Seit 1949 erhielten beide eine staatliche Rente, 571 Schilling im Monat; Helga als Opfer der nationalsozialistischen Verfolgung und Hansi, weil er Hinterbliebener eines Opfers, seines Vaters, war. Laut der zweiten Novelle des österreichischen Opferfürsorgegesetzes von 1947 hatte darauf Anspruch, wer mindestens sechs Monate in einem Konzentrationslager oder ein Jahr in einem Gefängnis inhaftiert gewesen war. In der ersten Fassung des Gesetzes waren nur Widerstandskämpfer als Opfer anerkannt worden. Im Wiener Stadt- und Landesarchiv lese ich nach, wie Hansi zwanzig Jahre lang um Anerkennung und Entschädigung kämpfte. Es begann mit der Rente, die ihm nur bis zu seinem 25. Geburtstag zustand, in der Annahme, dass er bis dahin seine Ausbildung abgeschlossen hatte. Nach 1950, er hatte das Studium noch nicht beendet, musste er Jahr für Jahr um Verlängerung ansuchen. Sie wurde ihm stets gewährt. 1952 wurde das Fürsorgegesetz erneut novelliert. Opfern stand nun neben der Fürsorgeleistung auch eine Haftentschädigung zu. Helga erhielt eine höhere Summe ausbezahlt, auch Hansi bekam Geld für die Monate, die seine Eltern in Konzentrationslagern verbracht hatten. Er suchte um einen eigenen Opferausweis an, um die zweieinhalb Jahre im Versteck als Freiheitsentzug anerkannt zu bekommen. Dieser Antrag wurde abgelehnt. Das U-Boot-Dasein sei keine Haft »im Sinne des Opferfürsorgegesetzes«. Hansi erhob Einspruch. »Da ich keine Papiere besaß, keine Lebensmittelkarten und auch kein Geld, gestaltete sich mein weiteres Leben dürftig und qualvoll. Ich konnte als Volljude und Sternträger mich nicht auf der Gasse zeigen, daher auch keinerlei Beschäftigung annehmen, war somit bis zur Befreiung im Jahre 1945 meiner Freiheit beraubt und lebte unter den dürftigsten Lebensbedingungen wie ein Häftling. Zudem aber war ich während der Bombenangriffe, da ich ja nicht in den Luftschutzkeller gehen durfte, ständig der Lebensgefahr ausgesetzt. (…) Durch ständige Angst, durch Entbehrungen und durch die Eingeschlossenheit litt ich sehr an meiner Gesundheit und an meiner seelischen Verfassung. Da somit mein Leben während dieser ganzen Zeit sämtliche Merkmale der Haft getragen hat, da ich durch Freiheitsberaubung, Hunger und durch die gesellschaftliche Deklassierung schwer gelitten habe, da ferner mein Häftlingsleben durch die ständige Bedrohung durch Bomben und polizeilichen Zugriff wesentlich verschärft war, und da diese menschenunwürdige Lebensform durch den vom Staat gegen mich ergangenen Haftbefehl verursacht wurde, ersehe ich in der Aberkennung einer Haftentschädigung ein schweres Unrecht, das unmöglich im Sinne des Gesetzgebers vorgesehen sein konnte.«

Erfolglos. »Eine als U-Boot verbrachte Zeit (kann) schon rein begrifflich nicht als Haft gewertet werden«, hieß es in der Begründung des Bundesministeriums für soziale Verwaltung im November 1956. »Für den Begriff der Haft ist wesentlich, dass die Bewegungsfreiheit – entweder durch Bewachung oder sonstige Absperrung – auf einen ausschließlich zur Anhaltung bestimmten Raum eingeschränkt wird, die Angehaltenen der Disziplinargewalt der Haftanstalt unterworfen sind, ihr Tagesablauf grundsätzlich durch die Haftanstalt geregelt und das Zusammenkommen mit Personen, deren Freiheit nicht beschränkt ist, ausgeschlossen wird.«

Ein Jahr später wurde Hansi schließlich als »Selbstopfer« anerkannt. Eine Entschädigung für das Leben im Verborgenen erhielt Hansi von der Republik Österreich erst 1963, elf Jahre nach dem ersten Ansuchen. Mitte der sechziger Jahre wurde die Haftentschädigung nochmals aufgestockt. Hansi und Helga erhielten darüber hinaus eine Entschädigung für das Tragen des

Helga und Hansi in den fünfziger Jahren

Judensterns und die Unterbrechung der Ausbildung sowie Zahlungen aus der »Sammelstelle A«, von der erbloses jüdisches Vermögen an Überlebende aufgeteilt wurde.

Nicht so wenig, denke ich und spreche Helga darauf an. Problematisch, sagt sie, sei gewesen, dass es so spät ausbezahlt worden war. In den Nachkriegsjahren waren sie auf Fürsorgeleistungen der Israelitischen Kultusgemeinde angewiesen; die Wohnung von Helgas Eltern in der Porzellangasse war mit Möbeln aus deren Fundus eingerichtet, Hansi erhielt während des Studiums ein Stipendium. Und dann kamen regelmäßig Pakete und kleine Geldsummen von Hansis amerikanischen Verwandten. Denen schien es bedeutend besser zu gehen.

Von den Paketen erzählt Helga gerne. Sie macht eine Pause und sieht mich an. »Das kannst du dir alles gar nicht vorstellen«, sagt sie. Es ist eine nüchterne Feststellung, und sie hat recht. Ich nicke. In meinem Leben gab es bis jetzt immer, was ich brauchte, und oft auch, was ich wollte.

*

Seit dem Ende des Krieges hat Hansis Familie in New York nicht aufgegeben, ihn zur Emigration aufzufordern. Mit dem Studienabschluss im Frühsommer 1952 bietet sich eine Gelegenheit. Amerikanische Jungärzte müssen ein einjähriges »Internship« absolvieren, in dem sie verschiedene Abteilungen eines Krankenhauses durchlaufen. Diese Internships sind gut bezahlt, und es gibt viele offene Stellen, weil in den Vereinigten Staaten Ärztemangel herrscht. In Poughkeepsie nördlich von New York City sind zwei solche Stellen frei, findet Hansis Cousine Litzi heraus, dotiert mit einem Monatsgehalt von 200 Dollar. Das entspricht etwa 4000 Schilling, mehr als das Doppelte des damaligen Durchschnittsgehalts in Österreich. Kost und Logis inklusive. Hansi bewirbt sich für ein Einwanderungsvisum. Damit Helga auch mitkommen kann, heiraten sie. Helga erzählt das unromantisch und doch wunderschön: Das Visum war zwar ausschlaggebend für die Heirat, sagt sie, aber sie wussten ohnehin, dass sie zusammengehörten.

Am 12. März 1952 unterzeichneten sie am Standesamt in der Martinstraße im achtzehnten Bezirk die Heiratsurkunde. Helga trug ein schlichtes schwarzes Kleid, das sie auch bei ihrer Promotion wenige Monate später anziehen würde. Sie waren eine kleine Gesellschaft, sagt Helga, weniger als zehn Leute. Für große Feierlichkeiten fehlte das Geld. Zur Hochzeitsreise fuhren sie ein paar Tage auf den Semmering, eine Stunde entfernt von Wien. Helga wohnte weiterhin bei ihren Eltern in der Porzellangasse, Hansi bei Pepi in der Neubaugasse. Eine eigene Wohnung war unerschwinglich.

*

Für den Ankunftstag von Hansi und Helga in New York hatten Hansis Verwandte ihre Tischlerwerkstätte und das kleine Möbelgeschäft in der Bronx ausnahmsweise geschlossen. Hansis Cousine Litzi war kurz zuvor in einen Vorort auf der Halbinsel Long Island gezogen. Sie und ihr Mann hatten zwei kleine Kinder, die sie zum Empfang mitbrachten.

»Die Tante hat sich äußerlich nicht geändert«, berichtete Hansi nach Wien über die Zwillingsschwester seiner Mutter, die er zuletzt vor eineinhalb Jahrzehnten gesehen hatte. »Sie hat sich vom Verlust ihrer Verwandten nie erholen können.« Frieda hat als Einzige der drei Schwestern den Holocaust überlebt. Bis zum Kriegseintritt der Vereinigten Staaten im Dezember 1941 hatte sie mit ihnen korrespondiert. Einen Brief finde ich in Litzis Wohnung in New York. Am 28. April 1941 schrieb meine Urgroßmutter Rosa mit blauer Tinte auf hellbraunem Seidenpapier an ihre Schwester: »Beeile mich, sofort Dir für

Deinen lieben Brief herzlichst zu danken! Mit welcher Freude ich ihn las und wie sehr ich u. wir alle uns mit Euch freuten, kann ich unmöglich wiedergeben!« Es ging um eine Beförderung von Friedas Mann: »Auch ich erinnerte mich sofort, dass ich knapp vor Eurer Abreise sagte: der Michel wird 1. Werkführer einer Fabrik u. holt uns dann alle. Diese vorhersagenden Worte waren mir ein ernster Wunsch u. sehe ich schon eine kleine Erfüllung meines Wunsches! (…) Nun will ich Dir zu Deiner neuen Position aufrichtig u. herzlich gratulieren u. wünsche ich nun noch, dass der liebe Gott all Dein Tun u. Handeln weiter mit Erfolg begleite u. dass Du mit den Deinen in Gesundheit u. Glück noch das erreichen mögest, wonach Du ziehst! In Gedanken knüpfe ich noch einen bescheideneren, doch sehnlichsten Wunsch für mich u. die Meinen daran – ›bald Augenzeuge zu sein Eures verdienten stillen Glücks‹.«

Gleich am Tag der Ankunft von Hansi und Helga rief die Krankenhausverwaltung aus Poughkeepsie an; sie bräuchten die beiden neuen Ärzte sofort und nicht erst zwei Wochen später. Man einigte sich darauf, dass sie am folgenden Montag ihren Dienst antreten würden. Am Sonntag fuhr die Familie sie mit dem Auto in knapp drei Stunden nach Poughkeepsie.

Einige Tage danach schrieb die Tante an Pepi, den sie nicht persönlich kannte. Sie mache sich Vorwürfe, sie habe ihren Neffen und seine Frau nicht ausreichend verwöhnt. Sie sei zu aufgebracht gewesen: »Wenn ich in seine dunklen Augen sehe, sehe ich seine Mutter vor mir, und ich bin dann so bewegt, dass ich nur mit Mühe meine Tränen zurückhalten kann. Ich bin sehr erregt; ohne dass wir von der Vergangenheit sprechen, werden Erinnerungen wach, die Jahre geschlummert haben. Ich gehe herum wie in einem Traumzustand (…).«

*

Auf dem weitläufigen Gelände des Krankenhauses oberhalb des Hudson wurde dem jungen Paar ein kleiner Bungalow zugeteilt. Zehn Jahre waren seit ihrem Kennenlernen vergangen, und jetzt lebten sie zum ersten Mal gemeinsam. Sie hatten ein großes Zimmer, ein Badezimmer und sogar eine Veranda. Wie war das? Gut, sagt Helga nur. Zuhause waren sie selten, zu essen gab es vier Mal täglich in der Mensa des Krankenhauses. Jede zweite Nacht und jedes zweite Wochenende hatten sie Bereitschaftsdienst, den sie meist miteinander absolvierten: Wer »First Call« hatte, musste als Erster auf Notfälle reagieren; der »Second Call« kam zum Einsatz, wenn der andere bereits zu tun hatte. »Second Call« war selten, sodass Helga und Hansi sich die Einsätze aufteilen und beide etwas schlafen konnten.

Das Team der Interns war klein – zwei Mexikaner, zwei Amerikaner, ein Grieche und ein Perser – und hatte ständig zu tun. Sie lernten viel, weil im wichtigsten Krankenhaus einer 40 000-Einwohner-Stadt die unterschiedlichsten Fälle passierten. Da es nur wenige erfahrene Ärzte gab, wurden sie für anspruchsvolle Aufgaben herangezogen: Auf der Kinderabteilung behandelte Helga Betroffene einer Polioepidemie, auf der Gynäkologie führte sie Geburten und Küretagen durch. Hansi operierte selbständig. Das Krankenhaus war technisch gut ausgestattet; jede Woche gab es zudem Weiterbildungsveranstaltungen.

Das Jahr wollten sie auf alle Fälle hier verbringen und möglichst viel ansparen. Was danach geschehen sollte, blieb offen. »Wir wussten nicht, ob uns Amerika gefallen wird«, sagt Helga. Im April 1956 kehrten sie nach Wien zurück, wo sie den Rest ihres Lebens blieben. Warum?

Englisch hatten sie zwar zuvor gelernt, doch flüssig sprachen sie es bei ihrer Ankunft nicht. Helga kümmerte das wenig, sie verständigte sich bald; bis heute ist sie gewandt im Englischen, wenngleich das Wienerische stark durchklingt. Für Hansi war es jedoch eine einschneidende Erfahrung, sich nicht in gewohnter Leichtigkeit ausdrücken zu können. »Ich verberge mein sprachliches Unvermögen durch verständnisvolles Grunzen, doch manchmal offenbart sich der ganze Jammer«, schrieb er an Pepi. »Wenn ich mit Patienten spreche, stelle ich die Fragen so, dass sie nur mit ja oder nein beantwortet werden können.« Oft fühle er sich wie in einem Glaskasten, er könne den Menschen beim Reden zusehen, sie aber nicht verstehen, vor allem, wenn sie Dialekt sprachen: »Wenn ich eine neue Person kennenlerne, brauche ich fast zehn bis fünfzehn Minuten, bis ich mich an den speziellen Tonfall gewöhnt habe.« Einen Monat später ging es ihm besser: »Ich versteh neunzig Prozent dessen, was zu mir gesagt wird. (Allerdings nicht von Murmlern, Nuschlern oder Wortverschluckern.)« Die richtige Aussprache des »th« wollte ihm aber nicht gelingen.

Ich erlebte Ähnliches, als ich im Alter von zwanzig Jahren zum Studieren nach England ging. Das mühsame Ausformulieren von Sätzen, bevor man sie ausspricht. Die Unsicherheit, wie man Wörter, die man gelesen hat, im Gespräch einsetzen soll. Der Gesichtsausdruck der anderen, wenn sie einen nicht verstehen. Die Schwierigkeit, kompliziertere Gedankengänge zu erklären. »Was ich am meisten misse an Amerika, ist meine eigene Persönlichkeit«, schrieb Hansi im September. Emigration bedeutet mehr, als die eigene Umgebung zu wechseln.

Sein Briefwechsel mit Pepi hielt den Bezug zur Heimat aufrecht. Hansi schrieb mindestens einen umfangreichen Brief in der Woche. Meine Großmutter drückt mir einen Sack voll Luftpostumschläge in die Hand, als ich sie wieder einmal zu Poughkeepsie befrage. Es sind sogenannte Aerogramme, mit der Schreibmaschine getippt auf dünnem, hellblauem Papier, das zusammengefaltet, zugeklebt und adressiert wurde.

An seinen Briefen, in denen er die Sprachen mischt, merke ich, dass sich Hansis Englisch schnell verbesserte: »Everybody speaks English to me, sodass ich beim Denken, beim Schlafen und beim Reden meine deutsche Sprache mit englischen Ausdrücken durchmische«, heißt es darin kurz nach der Ankunft. Nach und nach werden Hansis englische Textteile länger und zunehmend frei von Fehlern. Er berichtet, dass er auch Romane aus der Spitalsbibliothek liest. Die Sprache kann also nicht der entscheidende Grund für ihre Rückkehr nach Wien gewesen sein, denke ich.

Was war es dann? Finanziell ging es ihnen so gut wie nie zuvor. Sie lebten sparsam. Gemeinsam mit zwei anderen Interns schafften sie sich einen Gebrauchtwagen an. Das Chauffieren ließ sich Hansi von seinem Schwager, Litzis Ehemann, beibringen; im Gegenzug half er, für ihr einstöckiges Haus auf Long Island einen Zubau für das Esszimmer zu errichten. Zur Fahrprüfung trat Hansi mit dem eigenen Auto an, das war damals üblich. Unmittelbar nach Beginn der Prüfungsfahrt blieb das Auto liegen. Die Mitbesitzer hatten vergessen, Benzin nachzufüllen. Ein paar Wochen später trat Hansi erneut zur Prüfung an und bestand.

Der Druck sei hoch, ständig Neues zu kaufen, schreibt Hansi. Viele Menschen seien deshalb erheblich verschuldet. »Es ist so, dass hier Geschenkorgien veranstaltet werden«, berichtet er nach dem Vatertag im Juni, an dem ihm seine Cousine ein Hemd schenkte (»obwohl ich kein Vater bin«) und er hektisch in letzter Minute für seinen Onkel ein Rasierwasser besorgte. Gleichzeitig faszinierten ihn die technischen Neuheiten: »Litzi got last week a new dish-washer. This is a machine in which you can put all your dishes and glasses then you close and after half an hour your dishes are clean and dry and you must only take them out.«

Waren meine Großeltern einsam und sozial isoliert, wie man es von Einwanderern bisweilen hört? Ganz im Gegenteil. Es scheint, als konnten sie sich der Einladungen kaum erwehren. Sie waren zu Gast bei Ärzten und Angestellten des Krankenhauses, gingen zu Partys und ins Kino. Eine Familie überließ ihnen sogar ihr großzügiges Haus, als sie für mehrere Wochen verreiste. Helga und Hansi saßen dort meist im Wohnzimmer und hörten Schallplatten.

Immer wieder trafen sie Bekannte aus Wien, die wie sie emigriert waren. Die freien Wochenenden verbrachten sie bei den Verwandten in New York, die sich bemühten, ihnen ein attraktives Programm zu bieten und sie zu integrieren. Es gab Konzerte, Theater- und Museumsbesuche und große Abendessen zu den jüdischen Feiertagen. Hansi schätzte seine Tante, intelligent und aufmerksam, seine Cousine, interessiert und voller Familiensinn, und den Onkel, gutmütig und gut gelaunt. Auch Helgas Erinnerungen an Hansis Familie sind rundum positiv.

Im Juli erzählt Hansi in einem Brief an Pepi, dass sie von einem befreundeten jüdischen Arzt zum Schwimmen eingeladen wurden – an einen »jüdischen See«. »Poughkeepsies Juden haben sich einen eigenen See gekauft. Hier ist alles separiert. Es wird nicht viel gemischt. Jeder verkehrt in seinen Kreisen, mit den Leuten, die den gleichen sozialen Background haben.« Helga bestätigt das. Die Rassentrennung habe sie enorm gestört. Das Personal des Krankenhauses sei zwar gemischt gewesen; unter den anderen Interns war ein Schwarzer, auch ihr Oberarzt war Afroamerikaner. Auf dem Papier gehörte New York zu den Bundesstaaten mit der fortschrittlichsten Antidiskriminierungsgesetzgebung. Schon 1945 wurde eine staatliche Kommission gegen Diskriminierung am Arbeitsplatz eingeführt; ab 1952 konnte man sich dort auch beschweren, wenn es zu ungleicher Behandlung an öffentlichen Orten kam. 1955 war bundesweit die Rassentrennung an Schulen für illegal erklärt worden. Dass die Realität anders aussah, erfuhr Helga, als ihr schwarzer Kollege sie einmal mit dem Auto in die Innenstadt von Poughkeepsie fuhr. Helga fragte, ob er sie beim Einkaufen begleiten wollte. Er verneinte. Gemeinsam mit einer weißen Frau durfte er nicht auf der Straße gesehen werden.

Nicht weniger störte sie, dass ein österreichischer Bekannter, der am selben Krankenhaus beschäftigt war, seltener eingeladen wurde. Jüdische Ärzte baten das jüdische Paar zu sich, aber nicht den nichtjüdischen Freund. »Davon hatte ich genug während des Krieges«, sagt Helga. Die starren, rassistischen gesellschaftlichen Konventionen spielten eine wesentliche Rolle bei ihrer Entscheidung, nach Europa zurückzukehren.

Aber warum nicht New York, eine offenere Stadt? »New York ist immer wieder eine aufregende Stadt«, schrieb Hansi im Juli an Pepi. »Dieser unglaubliche Betrieb und diese Vielfalt von Rassen gibt dem Ganzen einen babelhaften Anstrich. Hab bis jetzt noch keine Stadt gesehen, die ein so pulsierendes lebendiges Bild vermittelt hätte. Allein in der Stadtbahn zu fahren und die verschiedenartigsten Gesichter zu sehen ist eine Unterhaltung.« Eine Anstellung hätten sie auch hier bekommen. Je nach Bundesstaat gab es zwar unterschiedliche Voraussetzungen, die sie noch erfüllen hätten müssen, aber eine ärztliche Lizenz hätten sie erhalten.

Na ja, sagt Helga, es gab noch die Familie in Wien. Und es gab vor allem Pepi.

»Lieber Vater«, so begann Hansi jeden seiner Briefe. Fünf Jahre zuvor, am 24. Jänner 1950, hatten die beiden einen Adoptionsvertrag unterzeichnet. »Abgeschlossen zwischen Dr. Josef Feldner, Arzt, geb. 1.5.1887 in Wien, einerseits und Hans Bustin seinem Pflegesohn, geb. 18.10.1925 in Wien, andererseits. Dr. Josef Feldner nimmt den Hans Bustin an Kindesstatt an und übernimmt alle Pflichten, welche nach dem Gesetze den Wahleltern gegen die Wahlkinder obliegen, mit Ausnahme der Versorgungspflicht und räumt dem Wahlkind alle ihm nach dem Gesetze zustehenden Rechte, mit Ausnahme des Rechtes auf Versorgung, ein. Hans Bustin nimmt diesen Antrag an und verspricht, Herrn Dr. Josef Feldner als Wahlvater anzuerkennen und alle Obliegenheiten des Adoptivsohnes mit Ausnahme der Versorgungspflicht zu erfüllen. Hans Bustin hat von nun an den Namen Hans Feldner-Bustin zu führen.«

Obwohl die Antworten Pepis auf Hansis Schreiben nicht erhalten sind, machen Hansis Texte die Beziehung der beiden für mich lebendig. Ich merke, dass mein Großvater jemandem schrieb, mit dem er es gewohnt war, sich täglich auszutauschen. Übergangslos wechselt er die Themen, verzichtet auf Höflichkeitsfloskeln, zeigt Anteilnahme an alltäglichen Angelegenheiten – der Umbau in der Küche, die Kälte im Winter, das Verhalten von entfernten Verwandten. Sein Tonfall ist respektvoll, aber vertraut. Wenige Monate vor Hansis Abreise hat Pepi ein Buch über Kinderheilkunde publiziert, und Hansi fiebert mit, wenn Pepi zu einem Vortrag eingeladen wird. Pepi ist scheu und will mit der Wissenschaftswelt wenig zu tun haben. Hansi ermutigt ihn wiederholt, dass er seine Thesen vertreten soll, erwähnt, er habe diese und jene Stelle aus dem Buch noch einmal gelesen und finde sie besonders gut gelungen, und verwendet Fachausdrücke, die Pepi prägte. Fast jeden Brief schließt Hansi mit Ermahnungen, der Vater solle ausreichend essen und nicht zu viel arbeiten, erinnert ihn mehrfach, seine Maße aufzuschreiben, damit Hansi ihm Hemden und Schuhe kaufen kann. Und immer wieder fragt er, ob Pepi Geld benötige. Darauf folgten offensichtlich keine Antworten, sodass Hansi ungefragt kleine Beträge nach Wien schickt.

Hansi schreibt, dass es viel zu erzählen gebe, wenn sie einander endlich wiedersehen. Es sind vor allem Details, die er herausstreicht: »Man legt keinerlei Wert darauf, dass das Kind ordentlich sitzt«, erzählt er etwa nach einem Besuch bei Freunden. »Alle Kinder kugeln in malerischen Stellungen am Boden herum, und auch Erwachsene setzen sich manchmal auf den Boden.« Das Verhältnis zu Geld ist ein völlig anderes, als er es von zuhause gewohnt ist: »Man kennt hier in geschäftlichen Dingen keinerlei Sentimentalität«, schreibt er. »Das klingt paradox, doch spenden die Leute hier Unsummen für wohltätige Zwecke und sind auch wirklich wohltätig, doch schenken sie niemand einen Cent in geschäftlichen Belangen.« Ungewohnt auch, wie man mit dem Tod umgeht: »Es lassen sich die meisten Leute einbalsamieren und unglaublich elegant herrichten. Sie sind dann meist als Leich schöner als je zuvor.«

Je mehr Zeit vergeht, desto häufiger schreibt Hansi, wie sehr Pepi ihm fehle, vor allem die abendlichen Gespräche mit ihm. Gegen Ende des Sommers kippt seine Stimmung schließlich vollends. »Lieber Vater, gehst mir schon sehr ab. Jetzt ist es grad so bei der Hälfte der Zeit, da zieht sich's wie ein Strudelteig. Die Monate gehen nicht vorwärts. Möchte schon, dass es Dezember, Jänner ist, mit einer klaren Aussicht auf den Abfahrtstag.« Er spielt sogar mit dem Gedanken, den Aufenthalt abzubrechen, entscheidet sich aber dagegen, weil er sein Englisch weiter verbessern möchte.

Hansi und Helga beschlossen letztlich, nach dem Ende ihres Internship nach Wien zurückzukehren. Diese Entscheidung seiner Tante mitzuteilen, zögerte Hansi über Monate hinaus. Vielleicht, dachte er, wäre es klüger gewesen, von Anfang an zu sagen, dass der Aufenthalt begrenzt sein werde. Denn die Reaktion seines Umfelds war eindeutig: »Alle Leut sagen, wir sind wahnsinnig, hier wegzufahren. Die Ärzte verdienen sich teppert. Letzteres ist wahr. Aber man lebt nicht leicht hierzulande.

Und außerdem gewöhnt man sich sehr schnell daran, Geld zu haben.«

Erst im Oktober brachte Hansi den Mut auf, seine Familie über ihre Abreise im kommenden März zu unterrichten. Die Ankündigung erschütterte die Tante so sehr, dass Hansi ihr einige Tage später einen sechsseitigen Brief sandte. »Ich möchte Dir von mir erzählen, von Pepi und mir. Er ist heute im 69. Lebensjahr, und ich bin seit über 13 Jahren bei ihm. Ich habe niemals viel über meine gefühlsmäßigen Beziehungen und über seine zu mir gesprochen, da mir dieses Thema schwerfiel zu behandeln. Aber Dir gegenüber habe ich keine Hemmungen, da ich Dein einfühlendes Verständnis kenne. Man erwartet allgemein, dass ich ihm dankbar bin für das, was er für mich getan hat, und dass dieses Gefühl der Dankbarkeit mein Tun und Handeln bestimmt. Aber diese Dankbarkeit ist nur ein geringer Teil dessen, was ich für ihn empfinde. Er war mir und ist es noch immer ein väterlicher Freund, der mir in schwerster Zeit beide Elternteile zu ersetzen trachtete, und soweit so etwas überhaupt gelingen kann, ist es ihm gelungen. Es ist ihm so gut gelungen, dass ich mit kindlicher Liebe und Verehrung an ihm hänge. Sein Wohlergehen steht im Mittelpunkt aller meiner Erwägungen, und ich muss Dir gestehen, ich fühle mich nicht gut.« Er erwähnt zwei Bekannte, deren Eltern, im gleichen Alter wie Pepi, vor kurzem plötzlich starben. Pepi sei bei guter Gesundheit, aber es könne jederzeit der Moment eintreten, an dem er Hansis Gegenwart benötigte – »und mir ist der Gedanke, so hilflos fern zu sein, nicht ertragbar«. »Er hat niemals die geringste Erwähnung gemacht, dass ich zurückkommen soll, aber es war immer unausgesprochen zwischen uns beiden, dass wir zusammen leben wollen. (…) Wir fühlen uns beide erst wohl, wenn wir in erreichbarer Nähe voneinander sind. Wenn ich im März nach Wien fahre, so fahre ich nicht, um eine Dankesschuld abzutragen, ich fahre, weil es mir ein persönliches Bedürfnis ist, ihn glücklich zu sehen.«

Er muss abwägen: »Von Dir weiß ich, dass Du mein Leben mit den Augen einer Mutter verfolgst, dass Du Dich sorgst und kränkst, und nichts möchte ich weniger, als Dich zu kränken.« Doch sie sei wohlumsorgt von ihrer Familie, während Pepi, sein Vater, allein in Wien lebte. Dieser habe zwar angeboten, in die Staaten zu übersiedeln, doch hält Hansi das für nicht zumutbar. Zudem fühle sich auch Helga ihrer Familie verpflichtet, die nun wieder in Wien verankert ist. Deshalb habe er das Gefühl, richtig zu handeln.

Diesen Brief halte ich wenige Wochen vor meiner eigenen Abreise aus New York in den Händen. Ich bin bei Litzi, die mittlerweile 92 Jahre alt ist und noch immer in ihrem Häuschen auf Long Island lebt. Ihr Fernseher steht in dem Wintergarten, bei dessen Bau mein Großvater einst geholfen hat. Ich vermute, die Einrichtung unterscheidet sich von der damaligen kaum. Die braune, fein geschnitzte Kredenz, der runde Esstisch, die Tapete im Wohnzimmer. Nur die vielen Fotos an den Wänden, in den Regalen, auf dem Klavier zeigen, dass Litzi zwei Enkelkinder und drei Urenkel hat. In den vergangenen Jahren hat Litzi an Selbständigkeit eingebüßt, weshalb ihre Tochter das Häuschen nach Dokumenten durchsucht, die für mich interessant sind. Sie findet den »Beförderungsvertrag der Holland-Amerika-Linie«, der es Hansis Tante Frieda und ihrem Mann ermöglichte, im November 1939 in die USA zu fliehen; einen Brief einer amerikanisch-jüdischen Hilfsorganisation, die sich im September 1941 vergeblich um ein Visum für Friedas ältere Schwester Sophie bemühte; die Einbürgerungsurkunden von Litzi und ihren Eltern, ausgestellt im Dezember 1945; eine Einladung zur Hochzeit von Hansis und Litzis Cousine Ilse in London im Juli 1951. Und Hansis langen Brief an seine Tante Frieda.

Dieser Brief ist ein Aha-Erlebnis für mich. Mein Großvater war jemand, der nicht viel über seine Gefühle sprach. Einige Jahre nach seinem Tod entrümpelten wir seinen Werkzeugkeller. Dort, wo die Werkbank gestanden war, entdeckten wir unter dem Linoleum eine Vertiefung im Boden, so groß, dass ein erwachsener Mensch darin liegen konnte. Sie war an ein Lüftungsrohr angeschlossen, das ins Freie führte. Nie zuvor war sie uns aufgefallen. Die Angst vor der Verfolgung hat Hansi nicht verlassen. Er litt an Schlaflosigkeit, und es gab Tage, an denen er in Ruhe gelassen werden wollte. In seinem Zweckpessimismus –»wenn man nichts erwartet, kann man nicht enttäuscht werden« – unterschied er sich von Pepi, der meist zuversichtlich und heiter war. Wie nahe einander die beiden wirklich standen, wie sehr sie einander liebten, vermochte ich vor der Entdeckung dieses Briefes nur zu erahnen.

Im Frühjahr 1973, siebzehn Jahre nach Hansis und Helgas Rückkehr aus den Staaten, stürzte Pepi und brach sich den Oberschenkelhals. Er war 86 Jahre alt. Pepi hegte großes Misstrauen gegenüber anderen Ärzten, wenn es um seine eigene Gesundheit ging. Im Krankenhaus weigerte er sich, vom Personal gepflegt zu werden. Hansi kümmerte sich um ihn und verbrachte selbst die Nächte dort. »Bei Erkrankungen hat er sich meist nur von der Umwelt zurückgezogen, tagelang nichts gegessen, bis sich sein Zustand von allein normalisierte«, schreibt Hansi. »Pepi hatte die tief eingewurzelte Überzeugung, dass jeder Krankheitsverlauf einen Anfang, eine Mitte und Ende habe und dass dieser Ablauf durch Ärzte sehr leicht störbar sei. Er hat durchaus akzeptiert, dass das Ende so eines Ablaufes auch der Tod sein kann.« Pepis Wohnung lag im Erdgeschoß des Hauses meiner Großeltern im neunzehnten Bezirk. Von den großen Fenstern, die bis zum Boden reichten, blickte er direkt in den Garten. Hansi zimmerte eine Holzrampe, sodass er Pepis

Bett in den Garten schieben konnte. Es war ein milder Frühling, als Pepi starb.

In seinem Testament vermachte Pepi Hansi seine wenigen Habseligkeiten und wünschte, dass sein Adoptivsohn über seine wissenschaftliche Arbeit verfüge. Seine Leiche solle verbrannt werden, bei der Beisetzung dürfe nur ein Beamter der Leichenbestattung anwesend sein. Keine Musik, keine Rede, »da ja der anwesende Bestattungsbeamte daran uninteressiert ist«, auch keine gedruckten Parten. »Die Verwandten und Bekannten sollen von meinem Tod bei gelegentlichen Zusammenkünften verständigt werden.« Hansi hielt sich nicht an Pepis letzten Willen. In Anwesenheit der ganzen Familie wurde Pepi in der Familiengruft der Feldners in der Nähe von Villach beigesetzt. Den vermutlich wichtigsten Wunsch erfüllte Hansi jedoch: »Meine geistigen Potentiale habe ich in der Person meines Sohnes repräsentiert und bin überzeugt, daselbst fortzuexistieren.«

RÜCKKEHR NACH WIEN

Als ich im Sommer 2015 mit dem Zug aus dem Vorort, in dem Litzi lebt, zurück nach New York fahre, ein letztes Mal die Häuserblocks am Bahnhof entlang zu dem Haus gehe, in dem ich ein Zimmer bewohne, das mittlerweile fast leergeräumt ist, überlege ich, ob ich mein Problem mit New York von der falschen Seite aus betrachtet habe. Ich will zurück nach Wien, weil ich einsam bin, habe ich lange gedacht. Was aber, wenn ich mich einsam gefühlt hatte, weil ich zurück nach Wien wollte? Hatte ein Teil von mir, vielleicht unbewusst, schon viel früher begriffen, wie privilegiert ich war, ein Zuhause zu haben, an dem ich willkommen war? Vielleicht hatte ich mich deshalb nicht ausreichend angestrengt, mir hier ein Netzwerk, einen Freundeskreis, einen Familienersatz zu schaffen. Stets war ich gedriftet, hatte nur wenige Beziehungen aufgebaut, die stabil und mit Tiefgang zu sein schienen.

Ich war in New York vielen Menschen begegnet, die hier lebten, weil es dort, wo sie herkamen, keinen Platz für sie gab. Meine eigene Großtante. Die chinesische Journalistin, die zuhause ihren Beruf nicht frei ausüben konnte. Der Gemüseverkäufer aus Bangladesch und die Putzfrau aus Ecuador, die ihre Familien in der Heimat unterstützten. Die Freundin aus Italien, die Abstand von einer unglücklichen Liebesbeziehung suchte. Die Pilatestrainerin aus Spanien, die der Arbeitslosigkeit entkommen wollte. Die Kollegin aus Georgien, die als Kleinkind vor dem Krieg fliehen musste. Der Bekannte aus einem kleinen

Ort in Florida, dort diskriminiert wegen seiner Homosexualität. Eigentlich passte ich da nicht rein. Ich war aus Abenteuerlust weggegangen, und nun sehnte ich mich nach der Alltäglichkeit der Familienabendessen.

*

Im Winter 1955 drehten sich Hansis Briefe an Pepi in der Hauptsache um ihre Rückreise. Meine Großeltern hatten genug gespart, um sich in Wien ein Auto zu kaufen, einen gebrauchten Volkswagen. Auch ein neues Bett will Hansi anschaffen. Und eine gemeinsame Wohnung? Hansi wäre am liebsten, Helga würde in die Neubaugasse ziehen. »Ich weiß, dass es das Natürlichste ist, wenn ich Tendenzen zeigen würde, von Dir wegzuziehen, eine Wohnung zu kaufen und Kinder in die Welt zu setzen«, schreibt Hansi an Pepi. »Nun hab ich aber in dieser Hinsicht keinerlei Ambitionen. Ich will weder von Dir wegziehen (dann könnt ich nämlich gleich in Amerika bleiben), noch interessiert mich ein eigener Hausstand mit Kindern.«

Ende März 1956 besteigen sie das Schiff zurück Richtung Cherbourg. Die Rückfahrt verläuft so stürmisch wie die Hinfahrt. Helga ist ständig übel. Es ist nicht nur Seekrankheit.

*

Meine Großeltern bezogen erst eine gemeinsame Wohnung, als Helga bereits ihr zweites Kind, meine Mutter, im Bauch trug. Die Zeit mit dem neugeborenen Sohn hatte sie bei ihren Eltern verbracht. Jahre später, nachdem mein Onkel, das vierte und letzte Kind, auf die Welt kam, fanden sie in einem Haus im neunzehnten Bezirk eine größere Wohnung. Die sechsköpfige Familie zog in den ersten Stock; als im Erdgeschoß eine Wohnung frei wurde, richtete Hansi sie für Pepi ein. Morgen für Morgen frühstückten die beiden gemeinsam.

Pepi, Hansi und eine Verwandte
in den fünfziger Jahren

Zweimal kehrte Hansi für ein paar Monate wegen der guten Verdienstmöglichkeiten nach Amerika zurück. An einer modern ausgestatteten Privatklinik entdeckte er ein neuartiges Untersuchungsgerät, das die elektrischen Aktivitäten im Hirn aufzeichnete. Die Elektroenzephalografie verwendet man in der Neurologie, etwa um Epilepsie zu bestimmen. Hansi kaufte ein EEG-Gerät und verschiffte es nach Österreich. Nachdem Pepi aus der Neubaugasse ausgezogen war, baute Hansi sein ehemaliges Versteck in eine Ordination um und bot Untersuchungen an. Bald lief sie so gut, dass er seine Stelle an der Klinik in Wien aufgab. Gegen Vorgesetzte sei er allergisch, hatte er immer erklärt, Helga hingegen ging bis zu ihrer Pensionierung gerne ins Krankenhaus.

Arbeiteten Hansi und Helga, kümmerte sich Hertha, Helgas Mutter, um die vier Kinder. Sie holte sie mit dem Auto von der Schule ab, stets sorgfältig gekleidet, mit Kostüm, Hut und Pumps. Ihre Handtasche, aus weißem Leder mit einem Klappverschluss, stand auf dem Rücksitz. Darin befanden sich immer Schokoladenschirmchen und Schaumhasen, die sich die Kinder nehmen durften.

Beim Mittagessen brachte meine Urgroßmutter ihren Enkeln Manieren bei. Die Oberarme hatten so nah am Körper zu sein, dass man ein Buch einklemmen konnte. Kinder hatten nicht zuerst zu reden. Auch Pepi kam zum Mittagessen. Im Winter brachte er stets geröstete Maroni mit und legte sie schon vor der Mahlzeit auf den Tisch. Die Kinder, erinnert sich meine Mutter, wollten die Maroni gleich essen, doch Hertha bestand darauf, sie erst nach der Hauptspeise zu verteilen. Schweigend folgte Pepi täglich dem Hin und Her.

Pepis Beziehung zu Helga und ihren Eltern blieb distanziert, zu unterschiedlich waren die Persönlichkeiten und Lebenseinstellungen. Helga hatte keine andere Wahl, als Pepis Anwesenheit zu akzeptieren. Hansi und er seien symbiotisch gewesen, sagt sie. Pepi war bei jedem der Urlaube dabei, ruhig zumeist, ohne sich einzumischen. Erst jetzt fand ich Notizen, in denen er die Entwicklung der vier Enkelkinder über die Jahre festhielt. Auf die Frage »Was hast du im Kindergarten gemacht?« soll mein Onkel geantwortet haben: »Haufi.« Meine Mutter habe Pepi gefragt, ob er eine Frau, eine Mutter oder einen Vater habe, und sich schockiert gezeigt, als er all das verneinte. Ob er nicht traurig sei? Manche von Pepis Aufzeichnungen sind in ihrer Härte verletzend. Pepi zieht oft radikale Schlüsse, bezeichnet Menschen als »verlogen«, »grob« oder »egoistisch«. Ob diese Sätze für fremde Augen bestimmt waren, wage ich zu bezweifeln.

Als meine Mutter und ihre Geschwister heranwuchsen, lockerte Hertha ihre Regeln. Sie steckte ihnen Geld zu und war Ansprechpartnerin bei Themen, die man eher nicht mit den Eltern besprach. Gingen Hertha und Paul auf Urlaub, überließ sie den Enkeln ihre Wohnung. Hertha überlebte ihren Ehemann um mehr als zwanzig Jahre. Der Großvater, sagt meine Mutter, roch angenehm nach Zigarren und Rasierwasser. Bis zu seiner Pensionierung arbeitete er als Polizeiarzt und erhielt schließlich den Hofratstitel. Oft war er unterwegs mit seinem Dackel namens Pitzi. Paul war nervös, ängstlich und sentimental. Er bestand darauf, Familienmitglieder vor wichtigen Ereignissen zu segnen, seien es Schulprüfungen oder Flugreisen. Das tat er nach alttestamentarischer Tradition, indem er seine Hände auf deren Kopf legte und den aaronitischen Segen sprach. »Der Herr segne dich und behüte dich und lasse sein Angesicht leuchten über dir und sei dir gnädig. Der Herr hebe sein Angesicht über dich und gebe dir Frieden.« Gab es keine Gelegenheit, es persönlich zu tun, rief er an und verlangte, man solle den Telefonhörer über den Kopf halten.

Als meine Urgroßmutter 1997 starb, war ich acht Jahre alt. Ich erinnere mich, sie im Bett sitzen zu sehen, gebrechlich, beinahe blind. Dennoch waren ihre Lippen rot geschminkt und die hellen Haare adrett gemacht. Neben sich auf dem Bett hatte sie stets die Handtasche, weißes Leder mit Klappverschluss.

*

Nach Pepis Tod im Jahr 1973 schlug die Familie vor, in der »Allee der Gerechten« in der Jerusalemer Holocaustgedenkstätte Yad Vashem einen Baum für ihn zu pflanzen. Eine israelische Kommission vergibt den Titel »Gerechte unter den Völkern« an jene Menschen, die in der NS-Zeit verfolgte Juden gerettet haben. Bis heute zählt Pepi nicht zu ihnen. Er hätte das unter keinen Umständen gewollt, sagte Hansi, sentimentale Gesten seien ihm zuwider gewesen. Das, was er getan hatte, war für ihn selbstverständlich. Und wieso sollte man ihn dafür ehren, nicht das Falsche getan zu haben?

Lange schien mir das unverständlich. Was war schlecht an einem Denkmal, wenn es vielleicht Menschen dazu bewegte, Pepis Verhalten als Vorbild zu nehmen? Ich hatte immer mit angehört, wie Menschen in unserer Familie danach eingeteilt wurden, ob sie uns verstecken würden. Die langjährige Ordinationshilfe meiner Großmutter? Auf jeden Fall. Das ehemalige Kindermädchen meiner Cousins? Eher nicht. Die Eltern meiner Schulfreundin? Vielleicht. Einige, viele von Pepis Verhaltensweisen wurden in der Familie übernommen. Das Zuhören und Hinterfragen zum Beispiel. Pepi lehrte es Hansi, der es meiner Mutter weitergab, die es bei mir anwandte. Ärgerte oder kränkte mich jemand, ließ sie mich erzählen und fragte nach. Warum, glaubst du, hat er oder sie das gemacht? Heute halte ich das Zuhören für die anstrengendste Arbeit in meinem journalistischen Beruf: Ich muss gleichzeitig auf die gesagten Inhalte achten, raushören, ob die Person etwas sagt, weil sie glaubt, dass ich es hören will, und dabei meine nächste Frage abwägen.

Von Pepis Mut und Tollkühnheit, die streckenweise wie Abenteuergeschichten klingen, bin ich hingegen weit entfernt. Könnte ich mich gegen eine schier unüberwindliche, gefährliche Macht behaupten? Ich weiß es nicht.

In meinem Gymnasium gab es in den Gängen gläserne Feuertüren. Meistens wurden sie mithilfe eines starken Magneten offen gehalten, sodass sich ein Dreieck zwischen Türrahmen, Tür und Wand bildete. In einer Pause, wir waren zehn oder elf Jahre alt, entdeckten wir, dass eine Feuertür geschlossen war. Jemand von uns kam auf die Idee, die Tür zu öffnen und jemanden zu finden, den man in das Dreieck zwängen konnte. Die Wahl fiel auf ein Mädchen, das ich nicht mochte, weil sie Monate zuvor im Sportunterricht gerufen hatte, man solle mir den Ball nicht zuspielen. Aus sportlicher Perspektive war das übrigens vollkommen gerechtfertigt, dennoch kränkte es mich sehr.

Einer schob das Mädchen auf die eine Seite der Glastür. Vier, fünf andere, ich darunter, drückten nun gegen die Tür. Alle lachten, auch das eingeschlossene Mädchen, das sich mit beiden Armen gegen die Tür stemmte. Als der Magnet allerdings einrastete, sank es auf den Boden und fing an zu weinen. Ihr rechter Arm hing auf einmal schlaff herunter. Eine herbeieilende Lehrerin befreite es.

Nachmittags fiel mir diese Episode wieder ein. Ich hatte ein schlechtes Gewissen und brach vor meiner Mutter in Tränen aus. Sie drückte mir das Telefon in die Hand. Das Mädchen schien sich über meinen Anruf zu freuen. Ich stammelte eine Entschuldigung. Sie hatte eine Zerrung an der Gelenkkapsel der Schulter erlitten, aber es täte gar nicht mehr schlimm weh. Dann fragte sie, was sie in der Mathematikstunde versäumt hatte. Wir wurden Freundinnen, machten gemeinsam Hausübungen in den Mittagspausen, und im Turnunterricht spielten wir uns die Bälle zu. Nach der Schulzeit verlor ich sie aus den Augen.

Das ist knapp zwanzig Jahre her, und dennoch sehe ich noch immer ihren Blick, als sie sich gegen die Glastür stemmt. Sie einzusperren, sie auszuschließen war ein Spiel gewesen – das plötzlich reale Folgen hatte, als sie zu Boden sank und sich die verletzte Schulter hielt. Was wäre geschehen, frage ich mich, wenn unser Spiel geendet hätte, wie wir es gedacht hätten, ohne Schmerzen, sondern mit einer einvernehmlichen Befreiung am Ende der Pause? Womöglich wäre mir gar nicht bewusst geworden, dass ich etwas Falsches getan hatte. Die Folgen meines Handelns wären unsichtbar, abstrakt geblieben.

Gemessen an dieser Logik müssten vor allem jene Menschen in der NS-Zeit zu Widerstandskämpfern geworden sein, die viele verfolgte Freunde hatten. Sie erlebten die Folgen ihres Nicht-Handelns deutlicher als andere. Das trifft auf Pepi zu, der die Familie meines Großvaters schon vor 1938 kannte – und greift gleichzeitig zu kurz. Was war mit jenen, die froh waren, Konkurrenten, Nachbarn loszuwerden – egal, wie nahe die ihnen zuvor gestanden waren? Nein, Pepi trieb etwas anderes an: Er fühlte sich verantwortlich. Verantwortung ist eine Entscheidung. Wer sich verantwortlich fühlt, der handelt. Pepi entschied, dass er im Leben meines Großvaters eine Rolle zu spielen hatte.

Ein Baum in Jerusalem kann das alles nicht erklären. Pepis Andenken lebt. Er hat sechzehn Nachfahren, in denen er tief verwurzelt ist.

*

Der Tag der Abschlusszeremonie meines Masterstudiums im Mai 2013 ist schwül. Rund um die Universität sind die Straßen abgesperrt, weil zehntausend Besucher erwartet werden. Ich habe mir den hellblauen Talar und den passenden Hut von einem Absolventen geliehen. Was ich nicht bedacht habe: Die Talare gibt es in verschiedenen Größen, und der Spender überragt mich um einen Kopf.

Wir sitzen auf Metalltribünen und jubeln, wenn die Kamera, deren Bilder auf die Leinwände projiziert werden, auf uns schwenkt. Ich frage mich, ob es dieses Zugehörigkeitsgefühl, das hier alle zu empfinden scheinen, tatsächlich gibt. Ich erlebe gerade ein Abenteuer, das schon, aber bin ich auch ein Teil davon? Der hellblaue, überdimensionierte Talar klebt in meinen Kniekehlen.

In einem Festzelt finde ich meine Eltern und meine Großmutter wieder. Das würde sie sich nicht nehmen lassen, meine Graduation mitzuerleben, hatte Helga, damals 84, angekündigt, beinahe drohend, und ist mitgeflogen. In meinem Radioworkshop habe ich wenige Monate zuvor ein Stück über meine Reise nach Poughkeepsie produziert. Nun kommen neugierige Klassenkollegen und wollen meine Großmutter kennenlernen. Auch der Professor stellt sich vor.

Am Wochenende, kurz bevor Helga wieder nach Wien fliegt, unser letzter gemeinsamer Ausflug in New York. Mit der Long Island Railroad fahren wir eine Dreiviertelstunde zu Litzi. Sie holt uns mit dem Auto vom Bahnhof ab. Es wird das letzte Mal sein, dass ich die damals Neunzigjährige selbst fahren sehe.

In ihrem kleinen, einstöckigen Haus angekommen, sitzen wir im Wintergarten und essen Kuchen. Das Gespräch plätschert dahin, Litzi erkundigt sich genau nach jedem Familienmitglied. Spricht sie einen Namen aus, betont sie jede Silbe und klingt dabei ehrfurchtsvoll. Oft setzt sie noch ein »liebe« oder

Helga und Anna, New York,
22. Mai 2013

»lieber« davor. Egal, was Helga antwortet, Litzi ist begeistert. »Er tut sich schwer in der Schule.« – »Na sag einmal … Das wird er sicher toll schaffen!« Helga gibt Litzi Ratschläge für ihre Gesundheit, die sie alle freundlich abnickt.

Ich bin so abgelenkt von meinen eigenen Unsicherheiten, dass ich kaum zuhöre. Kurz zuvor habe ich zugesagt, für ein Praktikum nach Berlin zu gehen, doch eigentlich will ich lieber in New York bleiben. Ein Jahr war nicht genug. Vielleicht fühle ich mich wie meine Großeltern, als sie herkamen: vorfreudig, aber unsicher, ob nun ein Abenteuer oder ein neues Leben beginnt.

Wir nehmen ein Taxi zurück zum Bahnhof. Litzi steht in ihrem Vorgarten und winkt uns nach. Helga wirkt erschöpft. Es ist zu merken, dass sie sich auf Wien freut, auf ihren Alltag, die Familie. Sie wird mir fehlen.

DANKSAGUNG

Mein Dank gilt dem Team des Paul Zsolnay Verlags, insbesondere Herbert Ohrlinger, für das Vertrauen in das gemeinsame Projekt. Fanny Esterházy danke ich für das behutsame Lektorat.

Ohne die stundenlangen Gespräche mit meiner Großmutter Helga Feldner-Bustin wäre dieses Buch nie zustande gekommen. Danke, dass ich deine Geschichte erzählen darf.

Ermutigende Rückmeldungen und Verbesserungsvorschläge zu verschiedenen Versionen dieses Manuskripts lieferten dankenswerterweise Nina Brnada, Georg Goldenberg und Uschi Korda.

»Wieso machst du kein Buch daraus?«, fragte Florian Klenk, nachdem meine Geschichte »Das Tagebuch des Hansi Busztin« im *Falter* 17/2015 erschienen war. Danke für diese ausgezeichnete Idee!

Ich danke Herwig Czech, Jutta Fuchshuber, Dieter Hecht, Michaela Raggam-Blesch, Oliver Rathkolb, Barbara Sauer, Fritz Trümpi, Brigitte Ungar-Klein und Maria von der Heydt für die Beantwortung meiner historischen Fragen. Hubert Deutsch, Ilse Feldstein, Liese Scheiderbauer und Litzi Small danke ich dafür, dass sie mir aus ihrer Vergangenheit erzählten.

Vielen Dank an Georg und Lorle Lukeschitsch, die mir Pepis Grab in Kärnten zeigten; Morgan Mansour, die mich zum Vassar Brothers Hospital in Poughkeepsie fuhr; Maria Asperger Felder, die mir Unterlagen aus dem Nachlass von Hans Asperger schickte; Renate Mercsanits, die mir Zugang zum Archiv des GRG3 Radetzkystraße verschaffte; Lynda Savyon, die Familiendokumente in den USA für mich zugänglich machte; die Redaktion des *ZEIT*magazins, die unsere Reise nach Theresienstadt ermöglichte und meine Reportage »Das Leben danach« im *ZEIT*magazin 51/2013 veröffentlichte. Meiner Cousine Laura danke ich, dass sie dabei war.

Dankbar bin ich meinen Freundinnen und Freunden, die sich nach meinem Befinden erkundigten (»Darf man auch nach dem Buch fragen?«), geduldig meinen Antworten lauschten und mir zeigten, wie gut Ablenkung tut. Besonders wichtig waren hier die Chaverim aus dem Hashomer Hatzair Ken Wien, insbesondere meine Kwutza Beit-Kama; Svenja Esins, Alexander Glasner und Sarah Hale, denen für unsere Freundschaft keine Reise zu lang ist; Agnes und Sophie Langer, seit 1989 immer für mich da; Adam Langer, Maia Efrem Margolies und Frauke Steffens sowie Trudy Jeremias und ihr Stammtisch, die mich gerne an meine Zeit in New York zurückdenken lassen; meine Journalistenkolleginnen und -kollegen, für inspirierende Gespräche zu jeder Stunde bereit.

Ohne die Unterstützung meiner Familie wäre dieses Buch nie geworden. Wie viel mir unser Zusammenhalt bedeutet, merkte ich erst, als er mir fehlte. Danke für all die Abendessen.

LITERATUR- UND QUELLENVERZEICHNIS

Archiv IKG Wien, Bestand Jerusalem, Auswanderungsfragebogen A/W 2589,8 – Bustyn Moritz.

Archiv IKG Wien, Bestand Jerusalem, Auswanderungsfragebogen A/W 2590,84 – Gusowsky u. Bustin.

Hans Asperger: Dr. Josef Feldner – 75 Jahre, in: Hans Asperger/Hans Redl (Hrsg.): Heilpädagogik. Beiblatt der Zeitschrift »Erziehung und Unterricht«. Wien 1962, S. 56–58.

Ruth Beckermann (Hrsg.): Die Mazzesinsel. Juden in der Wiener Leopoldstadt 1918 bis 1938. Wien 1984.

Wolfgang Benz: Theresienstadt. Eine Geschichte von Täuschung und Vernichtung. München 2013.

Dokumentationsarchiv des österreichischen Widerstandes, Datenbank Gemeindebauten, Dr. Paul Pollak, Kündigung & Beschluss (Bezirksgericht Margareten), Räumungsaufschub.

Dokumentationsarchiv des österreichischen Widerstandes, Gestapo Tagesrapporte, Tagesbericht vom 5.–7. Juni 1942, S. 7.

Herbert Exenberger/Johann Koß/Brigitte Ungar-Klein: Kündigungsgrund Nichtarier. Die Vertreibung jüdischer Mieter aus den Wiener Gemeindebauten in den Jahren 1938–1939. Wien 1996.

Erich Fein/Karl Flanner: Rot-weiß-rot in Buchenwald. Wien 1987.

Anne Frank: Tagebuch. Frankfurt am Main 1988.

Helga Gibs: Leopoldstadt. Kleine Welt am großen Strom. Wien 1997.

Dieter J. Hecht/Eleonore Lappin-Eppel/Michaela Raggam-Blesch: Topographie der Shoah. Gedächtnisorte des zerstörten jüdischen Wien. Wien 2015.

Chin Jou: Neither Welcomed, Nor Refused: Race and Restaurants in Postwar New York City. In: Journal of Urban History 40.2, März 2014, S. 232–251.

Elisabeth Klamper: Die Situation der jüdischen Bevölkerung in Wien von Ausbruch bis Ende des Krieges. In: Dokumentationsarchiv des österreichischen Widerstandes (Hrsg.): Erzählte Geschichte. Band 3: Jüdische Schicksale. Wien 1993, S. 164–176.

Ruth Klüger: weiter leben. Eine Jugend. Göttingen 1992.

Christina Köstner/Klaus Voigt (Hrsg.): Österreichisches Exil in Italien 1938–1945. Wien 2009.

Hanno Loewy/Gerhard Milchram (Hrsg.): Hast Du meine Alpen gesehen? Eine jüdische Beziehungsgeschichte. Hohenems 2009.

Andrea Löw/Doris L. Bergen/Anna Hájková (Hrsg.): Alltag im Holocaust. Jüdisches Leben im Großdeutschen Reich 1941–1945. München 2013.

Militär-Wissenschaftlicher Verein: Jahresbericht über die k. k. Militär-Erziehungs- und Bildungs-Anstalten dann über die Officiers-Töchter-Erziehungs-Institute. Wien 1884.

Österreichisches Staatsarchiv, Entschädigungs- und Restitutionsangelegenheiten, Vermögensverkehrsstelle, Statistik, Akt 10505.

Österreichisches Staatsarchiv, Entschädigungs- und Restitutionsangelegenheiten, Vermögensverkehrsstelle, Abwickler Donau, Karton 1235.

Österreichisches Staatsarchiv, Entschädigungs- und Restitutionsangelegenheiten, Vermögensanmeldungen, AT-OeStA/AdR E-uReang VVSt VA Buchstabe P 2408 Pollak, Paul.

Österreichisches Staatsarchiv, Zivilakten der NS-Zeit, Gaupersonalamt des Reichsgaues Wien (»Gauakten«), AT-OeStA/AdR ZNsZ GA.

Presse- und Informationsdienst der Stadt Wien: Historischer Rückblick der Rathauskorrespondenz, Eintrag für April 1945, www.wien.gv.at/rk/historisch/1945/april.html.

Doron Rabinovici: Instanzen der Ohnmacht. Wien 1938 bis 1945. Der Weg zum Judenrat. Frankfurt am Main 2000.

Kurt Schuschnigg: Letzte Rundfunkansprache als Österreichischer Bundeskanzler am 11. März 1938. Eintrag in der Österreichischen Mediathek, www.mediathek.at.

Barbara Serloth: Von Opfern, Tätern und jenen dazwischen. Wie Antisemitismus die Zweite Republik mitbegründete. Wien 2016.

Emmerich Tálos: Das austrofaschistische Herrschaftssystem. Österreich 1933 bis 1938. Berlin 2013.
Mark Tolts: Population and Migration. Migration since World War I. Eintrag in der YIVO Encyclopedia of Jews in Eastern Europe, www.yivoencyclopedia.org.
United States Holocaust Memorial Museum: German Jewish Refugees, 1933–1939. Eintrag in der Online-Holocaust Encyclopedia, www.ushmm.org.
Michael Walter: Hitler in der Oper. Deutsches Musikleben 1919 bis 1945. Stuttgart 2000.
Erika Weinzierl: Zu wenig Gerechte. Österreicher und Judenverfolgung 1938 bis 1945. Graz 1997 (4. Auflage).
Wiener Stadt- und Landesarchiv, MA 208, A36 – Opferfürsorgeakten – Entschädigungen (E): Dr. Hans Feldner-Busztin.
Wiener Stadt- und Landesarchiv, MA 208, A36 – Opferfürsorgeakten – Entschädigungen (E): Dr. Helga Feldner-Busztin.

INHALT

Ari Rath

Ari heißt Löwe

Erinnerungen

344 Seiten. Zsolnay 2012

Der legendäre, in Wien als Sohn galizischer Juden geborene Journalist Ari Rath war oft Zeuge einschneidender Ereignisse in Politik und Zeitgeschichte, die er in einem sehr persönlichen Buch aufgeschrieben hat. Er berichtet darin vom »Anschluss« und der Flucht aus Österreich, vom harten Leben im Kibbuz, von seinen Jahren in den USA im Dienst der zionistischen Jugendbewegung und dem mühsamen Aufbau des Staates Israel. Und er erzählt von seiner Zeitung, der *Jerusalem Post*, bis zum Ende seiner Tätigkeit als Chefredakteur das Sprachrohr eines politisch liberalen Israel, und seinen Begegnungen als Journalist mit Adenauer und Ben-Gurion, Brandt, Schmidt und Sadat.

»Wer die wechselvolle Geschichte Israels verstehen will und wer verstehen will, wie jemand mit dem Land umgeht, aus dem man ihn vertrieben hat, sollte diese Memoiren lesen.«

Rolf Steininger, *Frankfurter Allgemeine Zeitung*

»Ein faszinierendes Stück Zeitgeschichte, das von den Anfängen Israels bis heute erzählt.«

Alice Lanzke, Deutschlandradio

Gertrude Pressburger
Gelebt, erlebt, überlebt
Aufgezeichnet von Marlene Groihofer
208 Seiten. Zsolnay 2018

Gertrude Pressburger war zehn, als Hitler in Österreich einmarschierte. Obwohl die jüdische Familie katholisch getauft worden war, musste sie fliehen. Fast sechs Jahre dauerte die Flucht, die 1944 in Auschwitz endete. Gertrude überlebte den Holocaust – ihre Eltern und die zwei jüngeren Brüder wurden von den Nationalsozialisten umgebracht. Jahrzehntelang hat Gertrude Pressburger geschwiegen. Dass ein maßgeblicher Politiker in Österreich 2016 von einem drohenden Bürgerkrieg spricht, hat sie bestürzt. Per Videobotschaft warnte sie vor einer Rhetorik der Extreme. Dass ihre wahrhaftigen Worte Gehör finden, hat sie bestärkt, mit einer jungen Journalistin ihre Autobiographie zu schreiben: »Ich bin nicht zurückgekommen, um dasselbe noch einmal zu erleben.«

»Ein wichtiges Buch, erzählt mit einer hinreisenden Mischung aus Zartheit und Entschiedenheit. Ich wünsche der tapferen ›Frau Gertrude‹ viele Leser, vor allem auch junge!« Eva Menasse

»Die Verfolgung durch das NS-Regime wird nicht als kalte Geschichte erzählt, sondern als Teil der Gegenwart, die uns alle angeht.«
Oliver Rathkolb